La decisión

Título original:
THE CHOICE

Edición original:
THE NORTH RIVER PRESS

Traducción:
NICHOLAS A. GIBLER

Edición:
LUCILA GALAY

Coordinación editorial:
DÉBORA FEELY

Diseño de tapa:
DCM DESIGN

ELIYAHU M. GOLDRATT
EFRAT GOLDRATT-ASHLAG

La decisión

Cómo elegir la mejor opción

Edición revisada

GRANICA

BUENOS AIRES - BARCELONA - MÉXICO - SANTIAGO - MONTEVIDEO

© 2008 *by* Eliyahu M. Goldratt
© 2009, 2011, 2012 *by* Ediciones Granica S.A.
2a. edición, 1a. reimpresión: noviembre de 2012

ARGENTINA
Ediciones Granica S.A.
Lavalle 1634 3° G / C1048AAN Buenos Aires, Argentina
Tel.: +54 (11) 4374-1456 Fax: +54 (11) 4373-0669
granica.ar@granicaeditor.com
atencionaempresas@granicaeditor.com

MÉXICO
Ediciones Granica México S.A. de C.V.
Valle de Bravo N° 21 El Mirador Naucalpan Edo. de Méx.
53050 Estado de México - México
Tel.: +52 (55) 5360-1010 Fax: +52 (55) 5360-1100
granica.mx@granicaeditor.com

URUGUAY
Ediciones Granica S.A.
Scoseria 2639 Bis
11300 Montevideo, Uruguay
Tel.: +59 (82) 712 4857 / +59 (82) 712 4858
granica.uy@granicaeditor.com

CHILE
granica.cl@granicaeditor.com
Tel.: +56 2 8107455

ESPAÑA
granica.es@granicaeditor.com
Tel.: +34 (93) 635 4120

www.granica.com

Esta edición se publica por acuerdo con el editor original,
The North River Press Publishing Corporation

Reservados todos los derechos, incluso el de reproducción
en todo o en parte, en cualquier forma
ISBN 978-950-641-612-6
Hecho el depósito que marca la ley 11.723
Impreso en Argentina. *Printed in Argentina*

Goldratt, Eliyahu
    La decisión : cómo elegir la mejor opción. - 2a ed. 1a reimp. -
Buenos Aires : Granica, 2012.
    90 p. ; 22x15 cm.

    ISBN 978-950-641-612-6

    1. Administración. 2. Toma de Decisiones. I. Título
    CDD 658.403

ÍNDICE

DEDICATORIA

Para Efrat.

Algunos dirán que
– no hay nada más difícil que trabajar con un perfeccionista;
– es bastante molesto tener que volver a escribir casi todas las páginas;
– es frustrante discutir una palabra durante horas enteras;
– crispa los nervios saber que lo "más o menos suficiente" es intolerable.

Pero yo no.

¿Por qué tomarme la molestia de escribir, si el escrito no va a reflejar mi método con precisión?
¿Por qué tomarme la molestia de escribir, si tú no estarás de acuerdo con las palabras que te atribuya?
¿Por qué tomarme la molestia de escribir, si el resultado final estará sujeto a malas interpretaciones?
¿Por qué tomarme la molestia de escribir, si el libro no resultará fácil de leer?

Pero especialmente, por lo mucho que disfruto de los "duelos" contigo.

¡Gracias!

P.D.: ¿Cuándo lo volvemos a hacer?

PRÓLOGO

Es probable que Eli Goldratt sea conocido por sus millones de lectores como un *gurú* de los negocios. Quienes lo conocen un poco mejor, quizá lo consideran un científico y un educador e, incluso, algunos, un genio, calificación que él mismo rechaza vehementemente. Para mí, él es todo eso y, por supuesto, mucho más. Soy editor y amigo de Eli desde hace más de veinticinco años.

Desde el principio me percaté de que Eli, en realidad, está en una gesta por demostrar que el enfoque y los métodos de las ciencias exactas pueden y deben aplicarse a las ciencias sociales. Inicialmente se orientó a la ciencia de la administración y dijo que, como en esa rama de las ciencias sociales los resultados son medibles, es menos probable que la gente dispute la superioridad del uso de las técnicas de las ciencias exactas. Ha sido fascinante ver cómo poco a poco los negocios del mundo fueron aceptando la obra de Eli a pesar de que buena parte de ella rompe de manera drástica con la tradición. Su Teoría de las restricciones (TOC por las siglas en inglés de *Theory of Constraints*) se imparte ahora en casi todas las escuelas de negocios y programas de maestría en Administración de Empresas y ha sido utilizada por miles de compañías y dependencias gubernamentales en todo el mundo. La TOC ha sido aplicada con éxito en casi todas las áreas del esfuerzo humano, desde la industria hasta la atención de la salud y la educación.

A diferencia de sus lectores, yo he tenido la oportunidad de ver a Eli en acción. Juntos hemos combatido en una industria –la editorial– que se percibe como única, tan singular que las limitaciones que se impone a sí misma están casi grabadas en granito. Al momento de escribir esto, hemos publicado juntos nueve libros, que han sido traducidos a veintisiete idiomas y de los que se han vendido millones de ejemplares. Hemos tenido un enorme éxito, y superado la venta de varios best sellers, sin que la demanda disminuya. De la primera obra de Eli, *La meta*, se venden tantos libros ahora como hace veinte años. Tomando en cuenta los millones de ejemplares usados que existen, esto es una hazaña notable. Claro que cometimos errores en el trayecto, pero cada uno condujo a nuevos pensamientos, nuevos enfoques, nuevos métodos, que a su vez condujeron a más éxitos.

Durante esa lucha me fui percatando de que Eli ha desarrollado mucho más que lo que estaba describiendo con sus palabras. Me convencí de que había desarrollado una pragmática filosofía de vida que no solo es la guía de sus libros, sino también de toda su conducta. No es de extrañar que comenzara yo a presionarlo para que compartiera, por escrito, su singular enfoque. Durante décadas, se negó a hacerlo alegando que todavía no estaba listo. Finalmente, logré persuadirlo. Este libro es el resultado. Espero que el lector lo disfrute y le saque tanto provecho como yo.

LAURENCE GADD
The North River Press

PRÓLOGO
EDICIÓN REVISADA

Al principio, todo lo que mi padre me pidió fue usar mi nombre. Dijo que estaba escribiendo un libro y que le gustaría presentarlo como un diálogo entre él y yo. Este iba a ser el décimo libro de mi padre y me gusta que continuamente esté intentando nuevos estilos de escritura. Le di permiso con reticencia. Después, volvió con otro pedido: dijo que quería escuchar mis reacciones a sus ideas para que el libro sonara más auténtico. Esto iba a requerir tiempo y el tiempo es un recurso escaso por estos días en que hago malabares entre mi trabajo y el cuidado de mis dos hijos, así que pregunté por el contenido. Basada en las experiencias anteriores, esperaba que me respondiera que se trataba de un libro de negocios sobre la Teoría de las Restricciones. Entonces llegó la sorpresa: sí, el libro contendría algunos capítulos de negocios pero mi padre me explicó que se trataría, más que nada, sobre cómo vivir una vida plena. Sabía con exactitud qué tecla tocar. Ese tema me interesa mucho tanto por mi propia vida como por la de aquellos que consulto. Sabiendo lo original que es su pensamiento, tenía curiosidad por saber qué tenía para decir. Este fue el comienzo del viaje intelectual más fascinante que emprendí en mi vida. Durante meses, nos encontrábamos y debatíamos, muy a menudo, durante horas. Mi padre me explicaba los mensajes que quería transmitir y yo le daba mis opiniones. Se me abrió una nueva perspectiva de pensamiento, un acercamiento a una visión de la realidad y a la toma de decisiones que es válida no solo para los negocios sino, sobre todo, para vivir la vida que yo quiero vivir. La intención de mi padre de construir el libro como una serie de diálogos, se hizo realidad.

El ritmo de las discusiones era bastante rápido: papá exponía todo punto por punto y yo hubiera deseado tener más tiempo para digerirlo. En breve, empecé a sentirme sobrecogida, a tener un sentimiento creciente de que me estaba perdiendo cosas importantes. Además, comencé a sentir curiosidad por saber si podía, de hecho, llevar a cabo lo que él sugería. Quería experimentar la escritura de estos mapas lógicos de los que me estaba hablando. Le pedí ayuda para construir un mapa lógico de cada uno de los capítulos que describían nuestra interacción, con el objetivo de verificar que yo no estaba perdida. Los mapas se escribieron para reflejar el mensaje de cada capítulo. También empecé a tomar notas para comprobar si los mapas tenían sentido para mí y poara saber, de esta manera, dónde estaba parada. Los mapas lógicos y mis notas se incluyen ahora en el libro; se adjuntan como anexos.

EFRAT GOLDRATT-ASHLAG

1

¿QUÉ DECISIÓN TOMAR?

Me llamo Efrat. Acostumbro a leerle a mi padre sus propios escritos en voz alta. Dice que mis comentarios y, todavía más, mi lenguaje corporal lo ayudan a detectar cuándo les falta claridad a sus argumentos.

Una vez le pregunté:

–¿Por qué yo?

–Porque tú, a diferencia de muchas otras personas, no te engañas suponiendo que ya lo sabes todo sobre las organizaciones ni, mucho menos, sobre el comportamiento humano.

Me gustó su respuesta. Trabajé muy duro para obtener mi doctorado en Psicología Organizacional. Invertí bastantes años en aprender lo mucho que no sabemos. Con razón el título de este informe que estoy a punto de leerle en voz alta es de interés particular para mí: se llama "Libertad de elección".

–Papá, ¿cuál ha sido la elección más importante que has hecho en tu vida? –pregunto.

–Quería tener una vida plena –responde sin dudar–. La decisión más importante que me condujo directamente a eso fue dedicarle tiempo en forma constante a entender, verdaderamente entender, cada una de mis áreas de interés: familia, amigos y trabajo.

Como sé perfectamente que cuando papá dice "verdaderamente entender" se refiere a las interminables horas dedicadas a tratar de descifrar las causalidades que rigen una situación, digo con un suspiro:

–Eso no es fácil.

–¿Quién está hablando de "fácil"? ¿Quieres una vida fácil? Como soy su hija, le he oído preguntar eso mismo más de una vez. –Ya lo sé, ya lo sé. Si quisiera una vida fácil, todo lo que necesito es un martillo, de preferencia un mazo grande, y darme un fuerte golpe en la cabeza. Con eso tendré una vida muy fácil. Hasta me llevarán los alimentos a la cama.

Definitivamente, quiero tener una vida plena, una vida con significado, al igual que todos los que conozco. También sé de sobra que la mayoría de las personas no lo logran.

–¿Por qué le es tan difícil a la gente aceptar que no desea una vida fácil? –presiona.

–Porque sí quieren una vida más fácil, y una vida con significado es muy difícil de lograr.

Hace un ademán impaciente. –Siempre hay modos de hacerla más alcanzable. Solo hace falta pensar. Pensar con claridad. Pensar como un verdadero científico.

–En otras palabras –digo con un dejo cínico–, simplemente tienes que haber nacido genio.

De inmediato replica:

–No, no es cierto. Yo no nací con un cerebro privilegiado, y tengo los resultados de mi cociente intelectual de cuando era joven para confirmarlo. Soy más como un atleta. Ejercicio, ejercicio, ejercicio. Efrat, ¿cuándo te vas a dar cuenta de que tú, como todas las demás personas, dispones de suficiente intuición y capacidad cerebral para pensar como una verdadera científica?

No lo acepto del todo. Pero hay algo en sus palabras que me molesta aún más. –Papá, ¿de qué modo pensar como verdadero científico permite vivir una vida plena?

Sonríe y, haciendo gala de su método socrático, en lugar de responder, repregunta: –¿No podrías deducir la respuesta del informe que nos propusimos leer hace 15 minutos? Leo.

El informe trata de lo que lo ha estado absorbiendo desde hace varias semanas. Todo comenzó con una coincidencia: dos cadenas comerciales expresaron interés en implementar su teoría. En menos de dos semanas, se había convertido en una gran oportunidad que abarcaba a cinco de las más grandes cadenas comerciales del Brasil. Entonces, precisamente cuando estaba comenzando a dirigir a este grupo hacia un segmento nuevo muy prometedor, todo se desmoronó y no quedó nada.*

Cuando termino, me mira. –¿Y bien?

–Debe de haber sido una terrible decepción para ti –musito.

–¿Por qué hablas de decepción? –reacciona, con sorpresa en la voz.

Replico con firmeza: –Todo el mundo se siente decepcionado cuando no funciona una iniciativa. Cuanto más importante sea la iniciativa, mayor la decepción. Aun cuando la elección sea la correcta, aun cuando uno sea optimista y mire el lado positivo de las cosas, aun cuando uno esté hecho de hierro, de todos modos se decepciona. El hecho de que puedas reprimir esos sentimientos no significa que no existan.

Sonríe. –Argumento típico de una psicóloga. Y ahora que tú sostienes que yo simplemente reprimo mis sentimientos de decepción, ¿cómo me podrán tomar en serio cuando diga que no me siento decepcionado para nada?

Hago caso omiso de su comentario. Sé que tengo razón.

–Veámoslo desde un ángulo distinto –sugiere–. Supongamos que eres una científica y estás tratando de construir un instrumento que se basa en un nuevo enfoque. Por supues-

---

* Para el lector curioso, el informe completo está en el Apéndice del libro.

to, como tienes experiencia, primero haces un experimento: construyes un prototipo. ¿Qué esperarás del prototipo?

Elijo mis palabras con cuidado. –Solo un necio espera que un prototipo funcione perfectamente al primer intento. Lo que uno espera es averiguar qué funciona de acuerdo con las expectativas y qué no.

–Bien planteado –me anima–. Ahora, supongamos que el prototipo verifica que todas las cosas nuevas funcionan, menos una. Puesto que una cosa no funciona, el prototipo, como instrumento, no funciona bien o no funciona en absoluto. ¿Crees, querida hija, que tú, la científica que construyó el prototipo, te sentirías decepcionada?

Ya veo para dónde va. Es interesante. –Solo un poquito –contesto.

–¿Y una vez que descifraras cómo componer las cosas que no estuvieran funcionando? ¿Cómo te sentirías entonces?

–Entusiasmada –admito.

Para mi padre, cada situación es una oportunidad de aprender, cada nueva iniciativa es una exploración. Echo una mirada al documento que acabo de leer. Es evidente que estaba construyendo y experimentando sobre la marcha. La analogía del prototipo es válida.

–¿Cuál es la diferencia entre el científico que diseña un prototipo de un instrumento y cualquier otra persona que simplemente usa los instrumentos? –me mira interrogante.

Es una pregunta fácil. Respondo con seguridad:

–La mayoría de las personas no saben gran cosa sobre el funcionamiento interno de un instrumento; para ellas, el instrumento es solo una caja. Así que si no funciona, se sentirán decepcionadas. Si necesitan que funcione, entonces no solo se decepcionan, sino que además se frustran.

Mueve la cabeza asintiendo.

–En cuanto al científico –continúo–, él sabe cómo y por qué funciona el instrumento. Está familiarizado con las relaciones de causa y efecto que lo hacen funcionar. Por lo tanto, aunque el prototipo no funcione como instrumento, con tal de que aporte un conocimiento nuevo de cuáles son las causas y efectos válidos y cuáles no lo son, la satisfacción de haber avanzado compensa la decepción.

Papá se inclina hacia mí: –Cuando un prototipo, una nueva iniciativa, no funciona, nos enfrentamos a una alternativa: refunfuñar por la realidad, o cosechar el don que nos acaba de dar, el conocimiento de lo que hay que corregir. Esa es la razón por la que le puse "Libertad de elección" al escrito. –Antes de que tenga tiempo para digerir lo que acaba de decir, continúa: –Pero basta de hablar de instrumentos y prototipos. Hablemos de la realidad; la realidad de la que acabas de leer. ¿Todavía crees que me decepcioné? –Después de un breve silencio, repite la pregunta. –Efrat, ¿todavía crees que me decepcioné?

Finalmente respondo: –Tú, probablemente, te sentiste bien; pero estoy segura de que las personas que te rodeaban se decepcionaron profundamente.

–Tienes razón –concede.

–Y apuesto a que no te fue fácil ayudarles a superar la decepción. No tengo la menor duda de que les robó energía y de que tú tuviste que trabajar duro para reanimar su entusiasmo y determinación. "Libertad de elección" lo llamas. Bueno, para ti puede ser fácil, pero para la mayoría es bastante difícil tomar la decisión productiva.

Calla por un momento y luego sondea: –¿Por qué?

–¿Por qué le es difícil a todo mundo o por qué es fácil para ti?

–¿Por qué dices que para mí es distinto?

Dudo un momento y respondo: –Porque tú siempre eres el científico. Tú constantemente estás pensando y averiguando por qué se mueve el mundo, tratando de verbalizar las conexiones de causa y efecto... sobre todos los temas y en todas las situaciones. –Ya más segura, continúo: –Para ti, todo es como un prototipo. Por eso las situaciones que hacen que los demás se decepcionen y se frustren para ti son una fuente de energía.

Esto es algo nuevo para mí. Me acabo de percatar de ello. Es evidente que el enfoque de un científico da una ventaja sustancial. ¿Pero cuál es ese enfoque?

Por una parte, hay que ser humilde y asumir que no se sabe. De hecho, para evitar sentirse decepcionado, uno tiene que esperar que, con toda probabilidad, las cosas no funcionen de entrada.

Por otro lado, hay que ser seguro de sí... confiar en que se es capaz de resolver cómo hacer que las cosas funcionen.

Juntamos esos dos requisitos y ¿qué tenemos? Una hermosa paradoja, un oxímoron clásico, dirían los lingüistas: seguridad humilde.

Mirando a mi padre le digo: –Esta es la primera vez que me percato de lo útil que puede ser el enfoque del científico para conservar la energía que se necesita para buscar nuevas iniciativas.

–También es útil para generar las iniciativas mismas –comenta.

–Probablemente... –murmuro.

A papá no le gusta esa respuesta.

–¿Coincides con lo que dijo Séneca hace dos mil años, acerca de que la buena suerte se da cuando la preparación se encuentra con la oportunidad?

Lentamente enuncio: –Y conocer las causas y los efectos que gobiernan una situación es la mejor preparación.

Papá me sigue guiando: –¿Qué sucede si alguien no está preparado? ¿Qué pasa si está ciego a la corriente de oportunidades que la realidad le presenta?

No es muy difícil predecir el resultado. –Si alguien no está preparado, no se percatará de la mayoría de las oportunidades. Una persona así se lo pasará esperando que la buena suerte le entregue todo en bandeja de plata. Y si una persona no ve suficientes oportunidades, sentirá que la vida no le ha hecho justicia, que la restringen las circunstancias; se sentirá impotente.

¿A cuántos de mis amigos acabo de describir? ¿No será demasiado simplista? Tengo que pensarlo un poco más.

–La mala suerte es cuando la realidad se encuentra con la falta de preparación –concluye. –Abordar la realidad como el científico, si se hace bien, también ofrece la preparación necesaria. –Luego agrega: –Si alguien no está preparado, ¿qué libertad de elección tiene?

Ahora comienzo a percatarme de que la libertad no es solo optar por el lado positivo. También va de la mano con la habilidad para reconocer situaciones que pueden ser convertidas en verdaderas oportunidades.

Papá interrumpe mi reflexión con un gran suspiro. –Desafortunadamente, a pesar de todos mis esfuerzos, con demasiada frecuencia, descubro que no estoy preparado.

Sonrío. Quisiera estar tan carente de preparación como él. Para asegurarme de haber entendido, trato de acomodar las cosas.

–El hecho de que constantemente estás armando mapas de lógica de la realidad te ayuda de dos maneras. Primero que nada, y ahora empiezo a darme cuenta de lo crucial que es, reconocer oportunidades en las áreas que son importantes para uno. En segundo lugar, cuando inicialmente no funcionan, se pierde energía. Al contrario, el elemento faltante salta a la vista y tú entusiastamente te lanzas a la carga para completarlo y convertir la oportunidad en un éxito. Te he visto hacerlo una y otra vez. –Después de unos segundos agrego: –Me das envidia. Me habría gustado heredar tu genio.

–Otra vez con eso –suspira–. Cada persona nace con una capacidad cerebral enorme. Desgraciadamente, hay obstáculos para usarla en su totalidad. El significado más profundo de "libertad de elección" es esforzarse por superar estos obstáculos.

Viendo que no tengo problema con esto, continúa. –¿Puedes distinguir cuáles son estos obstáculos?

Por mi profesión, sé que la lista de barreras potenciales es interminable. En lugar de enumerarlas, pregunto: –¿Me puedes dar una pista?

–Cuanto más complicada parece una situación, más simple es la solución –sentencia. Es uno de sus dichos favoritos.

Ahora me confundo. Estoy acostumbrada a abordar esto desde los mecanismos internos de la mente, las emociones, las inhibiciones. Pero papá quiere que lo aborde desde el exterior, desde la realidad a la que se enfrenta la persona.

En lugar de dar una respuesta sacada de la manga, pregunto: –¿Cuáles son los obstáculos?

Se pone a encender su pipa. Una vez que termina y queda satisfecho con la bocanada de humo gris, comienza a hablar. –El primero y más duro obstáculo es que las personas creen que la realidad es compleja y, por lo tanto, están buscando explicaciones sofisticadas y soluciones elaboradas. ¿Entiendes lo destructivo que es esto?

–Tengo una idea, pero preferiría que tú me lo explicaras.

–Estoy buscando una buena analogía –dice mientras escudriña el techo–. Supón que tienes un excelente destornillador y necesitas retirar un tornillo de un artículo de madera. Tienes la herramienta correcta para esa tarea pero, si por alguna razón tú crees que se trata no de un tornillo sino de un clavo, ¿cómo te va a ir?, ¿vas a tener éxito? En ese caso, pretextar que no tienes una herramienta suficientemente buena sería ridículo. No tiene nada de malo la capacidad cerebral de las personas; lo que está muy mal es su percepción de la realidad. El mayor obstáculo es que la gente capta la realidad como algo complejo cuando de hecho es sorprendentemente simple. –Una vez que se asegura de que le he entendido, continúa: –Cuando abandoné la física y comencé a tratar con organizaciones, me asombró ver que la actitud de la mayor parte de la gente es suponer que mientras más rebuscado es algo, más respetable. Esta ridícula fascinación con lo sofisticado también hace que la gente tienda a no utilizar su capacidad cerebral en lo absoluto. Fíjate: como las soluciones complicadas no funcionan nunca, la gente se convence de que no sabe suficiente, que se necesita mucho conocimiento detallado antes de siquiera intentar entender un entorno.

–Sé de algunos tristes casos –concedo.

–La admiración por lo complejo es mala –afirma con vehemencia–. La clave para pensar como un verdadero científico es aceptar que en cualquier situación de la vida real, sin importar cuán difícil parezca inicialmente, una vez comprendida, es tan simple que da vergüenza. Es más, si la situación se basa en interacciones humanas, probablemente ya tienes suficiente conocimiento para comenzar.

–No estoy segura de estar de acuerdo con esto –digo–. Y creo que muchos, tomando su vida personal como referencia, no estarán de acuerdo ni siquiera con lo primero que dijiste.

–¿Qué puedo hacer para convencerte?

Como nunca he aceptado completamente su aseveración de que toda realidad es simple, decido aprovechar la ocasión para llegar al fondo del asunto de una vez por todas.

–Dame un ejemplo. Uno contundente –insisto.

–Bien. Escoge algo que te haga batallar.

No, es demasiado fácil. Yo también puedo encontrar soluciones elegantes a los problemas personales. Bueno, a veces. –Si escojo algo con lo que yo batallo, no será un ejemplo significativo para nadie más que para mí –protesto. Y enseguida aclaro: –No será suficiente para nadie más, porque todos piensan que sus problemas personales son únicos, y no solo eso, sino que son los más difíciles de superar, en caso de tener solución. Por lo tanto, escoger algo con lo que yo batallo no convencerá a nadie más de que se pueda hacer lo mismo con las situaciones en que ellos se encuentran.

–Comencemos por convencerte a ti –sonríe–. Eso ya es difícil.

–Pero no será un buen ejemplo ni siquiera para mí –sigo enfrentándolo–. No lo acepto para ninguna situación que se base en interacciones humanas de las que ya tenga suficiente conocimiento. Escoger algo con lo que yo batallo no me hará cambiar de opinión, porque en esa situación es probable que ya tenga yo bastante conocimiento para comenzar.

–¿Qué ejemplo te dejará satisfecha, entonces? –se queja–. No aceptas ningún problema personal, pero de todos modos quieres que el ejemplo sea sobre situaciones problemáticas de las personas. A ver si nos ponemos de acuerdo en el enfoque siguiente. Seguramente aceptarás que nadie es una isla. La mayoría de las dificultades y placeres de una persona parten de sus interacciones con otros seres humanos. –No hago objeciones, así que prosigue: –Los casos más complicados son los que no abarcan a una persona sino a muchas, cada una con su particular carácter, intereses y prejuicios. Los casos más difíciles son los que tienen que ver no solo con un grupo diverso, sino también con un grupo diverso que tiene que lograr algo en conjunto. En otras palabras, una organización.

No estoy de acuerdo en que una organización sea más complicada que una persona, pero me gusta la idea de que, en lugar de utilizar un ejemplo específico de un problema personal, papá demuestre lo que afirma utilizando a las organizaciones.

Tomo la iniciativa. –Entonces, ¿sugieres tomar una organización específica y demostrarme que es verdaderamente simple entender cómo y por qué se comporta como lo hace? Pero, además, sostienes que el pensamiento claro ayuda a generar oportunidades. Así que no bastará con que descifres las relaciones de causa y efecto que rigen sus actividades. También tendrás que demostrar que mediante el sencillo mapa de lógica que hayas construido, se abren nuevas oportunidades. Y cuanto más grande, mejor.

Antes de que pueda comentar, le recuerdo el verdadero desafío. –También dijiste que si la situación se basa en interacciones humanas, yo ya tengo conocimiento suficiente para descifrar cómo y por qué funciona, o sea, las causalidades que la rigen, ¿verdad? Como toda organización se basa en interacciones humanas, para que yo pueda verificar que tu afirmación es correcta, elige una clase de organización con la que nunca haya trabajado.

No parece perturbarse. –¿Alguna vez has trabajado con organizaciones verdaderamente complejas, como compañías de miles de millones de dólares?

–Ni siquiera puedo comprender lo que significa un millar de millones de dólares –admito.

–¿Qué te parece la industria del vestido? ¿Alguna vez le has echado una mirada al funcionamiento interno de alguna de las grandes marcas comerciales?

–No, nunca.

Se vuelve hacia su laptop y después de unos segundos dice: –Acabo de transferirte un archivo. Es un informe sobre una compañía de ropa muy grande y muy exitosa. Pero tenemos que ponernos de acuerdo acerca de qué te convencerá de que es un buen ejemplo, es decir, que las relaciones de causa y efecto que la rigen son simples. Embarazosamente simples.

–Eso es fácil: si no son embarazosamente simples, me pierdo –esbozo una sonrisa– y me aburro.

–¡Me parece justo! –Suelta una carcajada. –Estoy tan seguro, que puedo apostar a que no solo no te aburrirás, sino que quedarás anonadada al ver que los gerentes y directivos

de esa empresa, y los directivos de casi todas las demás
compañías similares, nunca se han percatado de lo obvio, no
lo han visto.

–¿Cuánto quieres apostar? –pregunto, juguetona.

–Algo grande –responde–. Tu premio será percatarte de
primera mano de cuánto las causalidades que rigen las cosas no son otra cosa que sentido común. Y lo poderoso que
resulta ese sentido común.

–Conociéndote, me doy cuenta de que probablemente
será un sentido poco común –digo sonriendo, y me dispon-
go a abrir el archivo.

2

SENTIDO POCO COMÚN*

Hace unas semanas, pasé una mañana con un grupo de más de veinte ejecutivos de segundo o tercer nivel de una importante empresa de ropa de marca, a la que llamaremos BigBrand. La razón por la que escribo este informe es la molesta sensación de que piensas que hay límites con respecto a cuánto puede mejorar una compañía; que un salto cuántico en desempeño solo les resulta posible a las pequeñas empresas y quizá a alguna que otra mediana. Pero cuando se trata de compañías muy grandes (las de varios miles de millones de dólares), una mejora de magnitud, digamos, que su utilidad neta anual sea igual a sus ventas anuales actuales en solo unos cuantos años, realmente escapa de toda posibilidad realista.

BigBrand es una de las mejores compañías que existen. Hay pocas personas que no han oído hablar de ella y, cuando se examina su desempeño financiero, se percibe que su reputación es bien merecida. Sus ventas anuales son de varios miles de millones de dólares y su utilidad neta sobre ventas es del 10%, algo muy bueno en la industria de la vestimenta.

Las primeras preguntas que hago al grupo son: "¿En cuánto creen que podrían incrementar su utilidad neta? ¿Qué utilidad neta tendrán de aquí a, digamos, cinco años?

---

* Este capítulo está basado en el Informe al Grupo Goldratt de abril de 2006. Para incluirlo aquí, se han modificado algunos aspectos con el fin de facilitarles la comprensión a los lectores que no estén familiarizados con la Teoría de las restricciones.

Hay mucho debate en la sala, hasta que el director de Finanzas toma la palabra. Su respuesta es categórica: en cinco años habrán casi doblado su utilidad neta a 1:000 millones de dólares. Saben que es una meta bastante ambiciosa, y que no será fácil lograrla. No obstante, están decididos a alcanzarla y convencidos de que lo harán. Con eso, se acaba el debate.

En lugar de comenzar a explorar cómo van a lograr esa ambiciosa meta, prefiero preguntarles si consideran que en cinco años podrían lograr una utilidad neta de 4.000 millones de dólares. Como era de esperarse, no necesitan quién les ayude a contestar esta pregunta. Me hacen saber categórica y contundentemente que esa cifra carece total y absolutamente de realismo.

¿No es realista?

El incremento en las utilidades se puede lograr tanto mediante la expansión como con la mejora de las operaciones existentes. Estoy de acuerdo en que esperar que una compañía grande quintuplique su tamaño en pocos años no es realista. Pero, ¿y si se incrementa su utilidad neta mejorando las operaciones existentes?

Como casi todas las empresas, ellos también tienen numerosas iniciativas de mejora. Y la mayoría de las iniciativas en ese sentido se centran principalmente en disminuir costos, lo que incluye reducir los gastos de transporte y buscar proveedores aceptables pero más baratos. Si un programa de disminución de costos genera ahorros de unos cuantos millones al año, se lo considera como una buena iniciativa. Si ahorra decenas de millones al año, se lo juzga excepcionalmente exitoso. No es de extrañar que consideren que incrementar su utilidad neta en miles de millones sea imposible.

Para revelar el verdadero potencial de mejora, pido que se examine el fenómeno de los faltantes, es decir, de las prendas agotadas.

—Una tienda tiene una lista de los artículos o prendas SKUS (por las siglas de Stock Keeping Units, que se refiere a las diferentes presentaciones de los artículos a la venta) que ha decidido tener en existencia. ¿Qué porcentaje promedio de estas SKUS falta en las tiendas? —pregunto.

Al igual que en muchos otros entornos de marcas donde la gerencia sabe que los faltantes (productos agotados) son algo muy común, lo que no saben con certeza es la magnitud, pero me dicen que suponen que ha de acercarse al 30%.

–¿Cuánto pierden de ventas en las tiendas debido a la falta de productos?

–Menos del 30% –responden–, ya que muchas veces un cliente que no encuentra un producto, de todos modos compra uno alternativo.

No estoy de acuerdo. Reconozco que algunos efectivamente compran un producto similar, pero hay otro factor que me hace pensar que las ventas perdidas representan un porcentaje mucho mayor de las skus faltantes.

–¿Hay algo que tipifique los artículos que faltan en las tiendas? –pregunto.

No tienen dificultad alguna en responder que los artículos faltantes son aquellos cuya demanda es mucho más alta que lo pronosticado.

–Podemos concluir entonces que la demanda de los artículos faltantes es superior al nivel promedio de demanda de la mayoría de los artículos disponibles –concluyo.

Considerando el hecho de que muchos de los artículos disponibles en una tienda son de lento movimiento, tienen que aceptarlo.

La siguiente pregunta retórica es:

–¿No significa esto que el efecto sobre las ventas perdidas es mucho más alto que el porcentaje de artículos agotados?

Cuando algunos admiten que las ventas perdidas podrían representar hasta el 50%, agrego:

–Si tomamos las ventas existentes como base, ¿no significa que la cantidad que pierden debido a los faltantes se acerca a lo que realmente están vendiendo?

Eso los sorprende un poco. Continúo llamándoles la atención sobre sus reservas. Los artículos que faltan en los depósitos de Big-Brand se borran de la lista de artículos que las tiendas deben tener. Por lo tanto, también es importante investigar el impacto adicional de los faltantes en stock.

Los productos de BigBrand, como muchos de los del ámbito de la moda, tienen una vida de seis meses en el mercado; su negocio se basa en dos temporadas al año. Por lo tanto, cada seis meses lanzan una nueva colección. Ordenan y compran en lotes de seis meses, para la temporada entera. Ahora les pregunto:

–Si uno se mete en su depósito central de una región determinada, a las tres semanas de iniciada la temporada, ¿encuentra que algunas skus ya se han agotado?

–Sí, definitivamente.

–¿Cómo puede ser que estos artículos ya estén agotados en el depósito central después de tres semanas, cuando al principio de la temporada había guardada ahí una cantidad que se vaticinaba que iba a durar seis meses?

La respuesta es que estos artículos faltantes son los de más alta venta, los más populares, aquellos cuya demanda ha sido muy superior a la pronosticada.

–¿Cuánto se pierde en ventas por la falta de disponibilidad de esta mercadería? Pasamos a la siguiente cadena lógica y la revisamos. Si un artículo se agota en un mes, de hecho se pierden las ventas de los siguientes cinco meses. Las ventas perdidas de ese artículo probablemente son iguales a cinco veces la cantidad que se vende (están de acuerdo con que, normalmente, la demanda de un artículo al principio de la temporada no es un pico, sino un reflejo de la demanda genuina del mercado).

–¿Cuántos artículos se agotan después de tres semanas? ¿Y después de seis semanas? ¿Y después de tres meses?

No cuentan con respuestas numéricas, pero tienen la impresión de que la cantidad de artículos agotados dentro de los primeros tres meses de la temporada es muy importante. Dicen que no les sorprendería que fuera una tercera parte de todas las skus.

Como dijimos, los artículos que faltan en los almacenes de una marca se borran de la lista de artículos que las tiendas deben tener. Por lo tanto, debemos combinar el efecto de los artículos agotados en las tiendas con el impacto de los agotados en los depósitos. Aceptan que estamos describiendo aquí un fenómeno que muy probablemente es igual o mayor que el monto total de las ventas realizadas.

Luego les recomiendo que trasladen lo que acaban de comprender a su impacto sobre sus resultados financieros, para evaluar el efecto que tienen los faltantes sobre la utilidad neta de la compañía. Pregunto: –¿Si la compañía lograra eliminar los faltantes, en cuánto debería esperar que se incrementara su utilidad neta?

Después de un rato de discutir, llegan a la conclusión de que si por algún milagro las tiendas no padecieran faltante alguno, BigBrand necesitaría incrementar su infraestructura muy módicamente para soportar el crecimiento resultante en ventas; que este no se relacionaría con un incremento significativo en el gasto de operación. El único costo que crecería sería la cantidad de dinero que tendrían que pagarles a sus proveedores por los bienes adicionales. Pero como compran las mercancías a un precio que solo representa la quinta parte de su precio de venta, el 80% del dinero generado por el incremento en ventas resultado de la reducción de los faltantes se iría directamente a la utilidad neta.

Se hace silencio en la sala al momento de cristalizarse la conclusión inevitable: la eliminación de los faltantes tendría un impacto en la utilidad neta, y este probablemente sería superior a los 4.000 millones de dólares al año.

¿Cómo no se han percatado de eso antes?

Pienso que se debe a su particular entorno: su cultura está dominada por el hecho de que para esta industria desde hace varias generaciones la vida de los artículos en el mercado (6 meses) es más corta que el tiempo que se necesita para producirlos (un año y medio). Por ejemplo, las telas para el verano se seleccionan en el invierno del año anterior. Es un contexto sumamente difícil de manejar, como se han empezado a dar cuenta con mucho dolor cada vez más y más industrias (por ejemplo, la electrónica).

No es de extrañar que esta industria haya ido desarrollando con el tiempo un mecanismo de protección, una cultura de camuflar los problemas más graves para poder soportarlos. Por ejemplo, ¿cómo se enfrenta la industria al fenómeno de las enormes ventas perdidas por artículos que se agotan mucho tiempo antes del final de la temporada? No le dan un nombre que claramente muestre el impacto negativo. En lugar de eso lo disfrazan con un título positivo: "stock agotado". Todos ríen al admitir que de hecho consideran los "stocks agotados" como algo positivo.

Del mismo modo, la industria oculta el otro lado de la medalla: los términos "obsolescencia" y "productos pasados de moda" no existen para ellos. Juntos, exploramos cómo ocultan esta realidad.

A nivel de marca, se esconde bajo el título de "ventas en tiendas de descuento". ¿Cuál es la reducción de precio que se da en la tienda de descuento? Nunca está en el rango del 5 al 10%. Como mínimo, es un 30%, y las reducciones del 70% son bastante comunes. Esta es mercancía que no se puede poner en el comercio al por menor.

También la obsolescencia actúa en los stocks de los minoristas. De nuevo, no se le llama obsolescencia, sino "venta de remate de fin de temporada". Y otra vez, los descuentos que se ofrecen en esas ventas representan reducciones mucho mayores que el 5 o 10%. Y comienzan por lo menos un mes, si no dos, antes del fin de la temporada.

La cantidad de obsolescencia en el sistema probablemente es igual al 30% o más de todos los artículos producidos. No, no es un fenómeno pequeño.

Debemos tomar en cuenta que estos dos fenómenos coexisten. Para una gran cantidad de skus hay faltantes considerables, en tanto que, al mismo tiempo, de una cantidad significativa de skus existen enormes sobrantes.

¿A qué se debe?

No tienen dificultad alguna en responder: es obvio para cualquiera que esté en el tema.

¿Cuándo deciden las cantidades a producir de cada sku? Antes del inicio de la temporada. A esas alturas del partido, ¿saben cuál va a ser la demanda real por sku? Claro que no.

Se llena entonces la sala con comentarios despectivos sobre los pronósticos. Se burlan de la noción de que alguien pueda pronosticar con más de seis meses de anticipación el nivel de demanda de un sku. Ni siquiera consideran que el pronóstico sea una conjetura con base alguna. Por eso, para la mitad de los artículos el pronóstico es demasiado bajo, lo que conduce a los faltantes, y para la otra mitad es demasiado alto, lo que conduce a la obsolescencia.

¿Pero hay algo que puedan hacer al respecto?

Sí, sí lo hay, siempre y cuando abandonen la ilusión, creada por el pronóstico, de que se conoce la demanda futura. ¿Cómo deben operar si su supuesto de inicio es que no saben la demanda futura por SKU?

Comenzamos a examinar las posibilidades explorando cuándo pueden tener un conocimiento confiable de cuáles SKUs se están moviendo bien y cuáles no.

Según dicen, después de las primeras dos semanas de la temporada ya tienen ese conocimiento, pero para entonces ya es demasiado tarde.

¿De veras lo será? ¿Qué sucedería si el tiempo de reacción de la cadena de suministros fuera mucho más breve?

–Pero actualmente los proveedores tardan dos meses en entregar los bienes –explican.

–¿Por qué? ¿Por qué esperar dos meses un par de zapatos o una prenda de vestir que se fabrica en menos de treinta minutos netos?

–Porque ordenamos cantidades muy grandes –responden avergonzados–. Ordenamos la cantidad pronosticada para la temporada entera.

–¿Se eleva el costo si encargan cantidades mucho más pequeñas, y con mayor frecuencia?

–No, mientras el monto total ordenado por temporada sea más o menos el mismo o mayor. El problema es el tiempo que demanda transportar la mercadería. La mayor parte de la producción se realiza en el Lejano Oriente.

–Hay aviones, ¿no? –contesto lacónicamente.

No transcurre mucho tiempo antes de que la base para el nuevo modo de operar quede bosquejada.

Podían comenzar la temporada con tan solo un mes de inventario[1] y utilizar las primeras dos o tres semanas para obtener un conocimiento real de qué se mueve y qué no. Basándose en los consumos reales reabastecerían entonces a los almacenes. Por supuesto, tendrían que convencer a los proveedores de que trabajen con lotes mucho más

---

1. Nota del traductor: en toda esta obra utilizaremos la palabra "inventario" unas veces en su acepción original de lista de materiales y productos que hay en una empresa, y otras como sinónimo de existencias, reservas, stock, etc., con el fin de coincidir con la terminología técnica y los paquetes de software que se usan para controlar materiales y mercadería.

pequeños; lo cual no es gran problema, puesto que fabricar prendas de vestir en lotes más pequeños no requiere agregar más capacidad de producción.

Claro que para los artículos de mucha demanda que se revelen en las primeras dos semanas, tendrán que preparar el sistema para enviar por carga aérea las mercancías que se necesiten en las siguientes semanas, además de enviar otra cantidad por vía marítima. En general, se podrá esperar que menos del 20% de los productos sean enviados por avión en lugar de por buque. Rápidamente se percatan de que aunque el transporte por vía aérea es más caro que por mar, en relación con el precio de venta (o peor aún, si lo relacionan con no vender) es despreciable.

Lo anterior, que consideran como un cambio mayor que abarcaría todo el sistema (aunque seguía siendo lógico y realizable), reduciría los faltantes a una mera fracción de los niveles actuales y casi eliminaría la obsolescencia.

Se escuchan murmullos de aprobación y gusto por toda la sala cuando la conclusión es verbalizada: esto de por sí probablemente sea suficiente para lograr una meta realista de 4.000 millones de dólares de utilidad neta al año.

Pero apenas hemos comenzado.

—Veamos si podemos estar de acuerdo con el siguiente concepto —digo—. Mientras el consumidor final no haya comprado, nadie de la cadena de suministros habrá vendido.

Me sorprende que todos apoyen lo que acabo de decir.

Continúan de acuerdo aun cuando extraigo la siguiente conclusión tajante: aunque en los libros financieros BigBrand reconoce una venta cada vez que le entrega bienes al comercio, no debe considerar esa situación como si ya hubieran terminado su trabajo. No será así hasta que el consumidor final no haya comprado.

¿Qué pueden hacer después de que las mercancías han sido entregadas al minorista? Para llegar a la respuesta, examinamos el comportamiento típico de sus clientes.

Para asegurar el precio, el minorista le compra a BigBrand en volúmenes muy grandes. Esta compra también está basada en un pronóstico de largo plazo. No es de extrañar que más o menos una tercera parte de los productos que compran sean de lento movimiento.

–Ahora –pregunto–, ¿están de acuerdo en que en el comercio lo que no se muestra, lo que no se exhibe, no se vende?

Este es casi el lema de la industria, así que, por supuesto, asienten. Luego seguimos dibujando la cadena de causas y efectos. Cuando el comerciante se empieza a percatar de que tiene un lote de productos de movimiento relativamente lento, también se da cuenta de que a menos que haga algo, estos productos solo se venderán al final de la temporada y con pérdida. Así que, ¿cuál es la reacción natural? Las mercancías de lento movimiento ahora se están mostrando muy bien, en exhibidores con atractivos visuales mejores de lo que realmente merecen. Y reciben excesiva atención de los vendedores, todo a costa de la atención y exhibición que deberían recibir los mejores productos. ¿Cuánto de la venta se pierde debido a esto? Convenimos en que nadie lo sabe, pero hay algo que sí suponen: que la cifra es significativa.

–¿Qué sucede –pregunto– si BigBrand les hace esta oferta a sus minoristas? ¿Aceptar la devolución de la mercadería que no han vendido y reintegrarles el dinero?

Las respuestas negativas no se dejan esperar, doy un paso atrás.

Una vez que se sosiegan los ánimos, les hago otra pregunta, esta vez escogiendo más cuidadosamente mis palabras.

–Una vez que no haya faltantes dignos de mención en los depósitos, ¿podrá BigBrand prometer a las tiendas una entrega en dos días de cualquier pedido razonable?

Los depósitos de BigBrand están todos ubicados a un máximo de dos días de distancia por carretera de casi todas las tiendas. Así que no tardan mucho en llegar a la conclusión de que es factible ofrecer dicho servicio. Y que el efecto en el costo de transporte sería muy moderado.

Resalto que con tal servicio y basando el precio en las ventas totales de los productos de BigBrand en la tienda, en lugar de hacerlo en el tamaño de los pedidos individuales, las tiendas ya no tendrían la presión de llevar montañas de mercadería.

Supongamos, pues, que las tiendas aprovechan el excelente servicio de BigBrand y ordenan todos los días los artículos que se vendieron esa jornada. En tales condiciones, acordamos que una tienda solo debe llevar lo que necesite para una correcta exhibición, más la cantidad que espera, de manera optimista, vender en los siguientes dos días. Comparado con la situación actual, el inventario que la tienda debería tener disponible sería muchísimo menor.

Ahora puedo volver a plantear la pregunta:

–¿Qué sucede si BigBrand ofrece, a los detallistas que ordenen a diario, que les recibirá cualquier mercancía que quieran devolver y les reintegrará su dinero?

Después de una discusión más calmada, llegan a la conclusión de que las devoluciones no serían demasiado grandes y que tienen tiendas de descuento donde deshacerse de ellas. Ahora están dispuestos a seguir escuchando.

El enfoque es el siguiente: asegurarnos de que la mejor exhibición y la atención de la fuerza de ventas se dedique a los productos de mayor salida. Aceptar los productos de lento movimiento y devolver el dinero tendrá efectos muy benéficos para fomentar el comportamiento correcto en el minorista. Si creemos que la exhibición y un suave empujoncito de los vendedores de la tienda son importantes, tenemos que concluir que las ventas crecerán. ¿Cuánto? Sus estimaciones de los incrementos resultantes en las ventas abarcan todos los niveles.

En lugar de presionar para que lleguen a un número acordado, producto de la especulación, les digo que podemos hacer mucho más. Ahora que nuestra solución ofrece información esencial que antes no teníamos –es decir, qué SKU se vendió en qué tienda cada día–, BigBrand debe asumir un rol activo. Deberá sugerirle al minorista que devuelva los artículos que no se están moviendo en su tienda. Y que, en lugar de ellos, tome los artículos que se están moviendo bien en otras tiendas de su región. Al hacer esto, las tiendas tendrán en sus anaqueles un mayor porcentaje de productos con buen movimiento. ¿Cuánto crecerán las ventas? Nadie lo sabe, pero el consenso es que el crecimiento será enorme. Gigantesco.

Todo lo anterior ha servido para preparar el escenario para el clímax, para la acción que tendrá el mayor efecto.

La tienda sabe que una colección nueva atrae clientes. Discutimos que es la razón por la cual las cadenas y las tiendas presionan mucho a BigBrand para que cambie de dos colecciones al año a cuatro. Señalan que considerando el esfuerzo y el costo requeridos, el mero hecho de que BigBrand considere en serio esa solicitud demuestra que todo mundo reconoce que un movimiento así tendría un efecto magnífico en las ventas totales.

Pero ¿tiene que aportar BigBrand el esfuerzo descomunal necesario para ofrecer cuatro colecciones al año?

¿Cuántas variaciones por temporada diseña, produce y guarda? Su sorprendente respuesta fue: alrededor de 80.000. (La variación *no* incluye la talla, así que la cantidad de skus producidas y almacenadas es muchísimo mayor.) Yo esperaba un número grande, pero no tan enorme.

–¿Por qué tanto? –inquiero.

Me explican que se debe a la necesidad de convencer a los clientes, las cadenas comerciales, de que le compren a BigBrand. Los diversos minoristas tienen diferentes gustos y hacen predicciones sobre el mercado, así que BigBrand debe diseñar, producir y almacenar una enorme cantidad de variaciones si quiere ser un proveedor importante para tantas cadenas diferentes.

–¿Y cuántas variaciones lleva una tienda, digamos la más grande?

–¿De nuestros productos? Menos de 2.000.

Estas cifras tan diametralmente diferentes aportan la base para sacar algunas conclusiones. En casi cualquier tienda dada, la variedad de artículos que el consumidor ve es solo una mínima fracción de lo que está disponible realmente. Una vez que BigBrand comience a reabastecer todos los días a las tiendas y a aceptar las devoluciones, será posible asegurar que las tiendas tengan una colección nueva cada mes, sin incrementar la cantidad de artículos que actualmente BigBrand diseña, produce y almacena.

El cierre perfecto lo da el director de Finanzas, al decir:

–Llegar a los 4.000 millones de dólares de utilidad neta por año comienza a parecer conservador.

3

¿POR QUÉ EL SENTIDO COMÚN
NO ES PRÁCTICA COMÚN?

Son las nueve de la noche y los chicos, por fin, se han quedado dormidos. Releo el documento, tratando de visualizar a BigBrand. Una compañía que diseña, ordena, distri-
buye, almacena y vende la abrumadora cantidad de 80.000
variaciones por temporada es tan compleja que pone a prueba mi imaginación.

¿Tendría papá razón al decir que conozco todos los hechos relevantes necesarios para hacer el análisis?

El primer punto que él considera es la magnitud de
los faltantes existentes. ¿Sabía yo esto antes de leer el informe?

La respuesta es afirmativa, ya que por experiencia personal sé que muchas veces el vestido que me gusta no está disponible en mi talla o en el color que prefiero. Yo jamás lo había llamando "faltante" o "situación de existencias
agotadas", pero si tuviera que hacer una estimación, diría
que me he visto decepcionada no menos de una cuarta
parte de las veces que he deseado comprar ropa.

Y claro, estoy consciente de que en el verano las tiendas
no tienen ropa de invierno y que los modelos del año pasado son como el periódico de ayer.

Aquí hay algo que no sabía: que las marcas les pagan
a los fabricantes solo una quinta parte del precio que les

cobran a los minoristas por las prendas. Bueno, pensándolo bien, sí sabía que los márgenes de las marcas son muy grandes, porque me consta que hay una gran diferencia entre el precio de una tela y el de un vestido con la etiqueta de una marca conocida.

En cuanto a las tiendas de descuento y sus ventas de fin de temporada, es ahí donde compro buena parte de mi ropa.

Así que, en efecto, tengo todos los datos relevantes. Veamos qué hay con respecto a la lógica de causa y efecto que vincula todos estos datos para traer a la luz ese extraordinario potencial de mejora. Tiene razón papá. Esta lógica de causa y efecto es solo sentido común. No es difícil seguirla y no creo que lo sea para nadie. Una vez que se descubre, es muy obvia.

Pedí un ejemplo decisivo que demostrara que aun los entornos complicados basados en humanos se rigen por una simple lógica de sentido común. Un novato conoce todos los hechos que se necesitan, y el entendimiento de esa lógica abre nuevas y fructíferas oportunidades. Pedí un ejemplo decisivo y debo admitir que lo recibí. Bueno, ¿y eso dónde me deja?

Es cierto que su análisis de causa y efecto es puro sentido común, y que yo tenía todos los datos. Pero también lo es que yo sola nunca hubiera podido llegar a semejantes conclusiones.

¿Cómo se le ocurren a él? ¿Qué le da la habilidad para construir una deducción que solo es evidente para los demás una vez que se la ha presentado con suficiente detalle? En pocas palabras, estoy más convencida que nunca de que para hacer lo que ha hecho en BigBrand se necesita contar con una capacidad cerebral excepcional.

¿Realmente se necesita una capacidad cerebral excepcional para tener una vida plena? Las aspiraciones de la mayoría de la gente, incluyendo las mías, no están al nivel de discurrir cómo impulsar toda una industria a un nivel de desempeño más alto.

Pero, pensándolo bien, cuando una persona se enfrenta a una situación indeseable y está convencida de que no la puede cambiar, se siente bloqueada. Tener éxito en tales circunstancias requiere un avance importante, quizá no de la magnitud de lo que acabo de leer, pero un avance con un rompimiento de todos modos. ¿No son las oportunidades significativas las que se abren cuando una persona se percata de cómo superar una situación que la restringe? En otras palabras, cuando se logra lo que para uno es un avance.

Así que se abren las oportunidades significativas cuando uno ve cómo sobreponerse a algo que lo está bloqueando; cuando uno es capaz de producir adelantos modestos. Estoy dispuesta a aceptar que podría tener suficiente capacidad cerebral para eso y que el problema es que quizá no la estoy usando con eficacia. Estoy dispuesta a considerar la posibilidad de que un obstáculo que me impide usar con eficacia mi cerebro es que yo también busco explicaciones sofisticadas. Pero no estoy segura de que sea suficiente solo *decirme* que piense "simplemente" para que suceda. Debe de haber barreras psicológicas que no me dejan pensar con claridad, como un verdadero científico.

Lo que debo hacer es insistirle a papá que me enseñe un modo práctico de superarlas. Pero él no piensa en términos de barreras psicológicas, sino en términos de obstáculos externos. Tal vez tenga un modo práctico, pero aunque tuviera uno, ¿cómo voy a comprobar si efectivamente vence mis barreras psicológicas?

Como mínimo, tengo que tener un claro entendimiento de cuáles son dichas barreras.

¿Cómo hago para descifrar eso?

¿Por qué no me uso de conejilla de indias? Leo el documento de nuevo, esta vez tratando de ver qué me habría impedido arribar a su solución, su avance, por mi propia cuenta.

¿Cuál fue su primer paso? Por experiencia sé que los individuos, y aún más los grupos, tienen una lista bastante larga de las cosas que no les gustan. Comenzó limpiando el desorden, y poniendo sobre la mesa solo lo importante. Una vez que los llevó a percatarse del enorme efecto que los faltantes y sobrantes tienen en la utilidad neta, todas las demás cosas que pudieran mejorarse ocuparon un muy distante segundo lugar.

Me gustó el modo en que explicó por qué no lo habían reconocido antes. Como psicóloga, estoy muy consciente de que quienes padecen problemas crónicos (ante los que ya se han dado por vencidos y no creen poder eliminar) desarrollan mecanismos de protección. Sencillamente, repримen los problemas.

También sé que la gente que usa esos mecanismos de protección tiende a bajar sus expectativas.

Simplemente, como se ocultan los verdaderos problemas, su energía se canaliza en lidiar con cosas mucho menos importantes. Así que, a pesar de sus esfuerzos, su realidad no mejora mucho; no me extraña que después de un tiempo bajen sus expectativas.

Me parece interesante ver que lo mismo sucede, no solo con los individuos, sino con los grupos, en este caso, una compañía. Los gerentes tratan de mejorar su empresa, pero en lugar de aplicar todos sus considerables recursos y capacidad cerebral para reducir los faltantes y sobrantes, la mayoría de las iniciativas de mejora se canalizan hacia lo que se permiten ver: se orientan a la reducción de costos.

Esas mejoras producen resultados, y estos se acumulan. Pero como me ha dicho papá más de una vez, un centavo más un centavo, más un centavo, más un centavo, más un centavo, más un centavo, más un centavo, más un centavo, más un centavo, siguen siendo menos que una moneda de diez. No es de extrañar que, como compañía, hayan bajado sus expectativas: ya no piensan que las mejoras en operaciones puedan aumentar diez veces la utilidad neta.

Muy bien. Ahora ya sé cuál es la primera barrera que me bloquea: estoy demasiado ciega a los problemas persistentes grandes, aquellos que todo el mundo tiende a camuflar. Papá dice que el obstáculo que nos impide pensar con lucidez es nuestra distorsionada percepción de la realidad. Me es difícil imaginar qué cambio de percepción podrá levantar esta barrera mía. Así que voy a tener que ver cuidadosamente si su percepción sugerida de la realidad en verdad me sirve.

Y, suponiendo que pudiera identificar los problemas principales y retraerme del ruido de muchos otros más pequeños, ¿podría encontrar la solución?

Obviamente, no. Sigo leyendo.

Una vez que logró que se concentraran solo en los fenómenos más importantes, faltantes y sobrantes, el problema central se hizo evidente: el hecho de que todo se basa en pronósticos y que los pronósticos son malísimos.

Trato de imaginarme cómo continuaría yo a partir de ese punto.

Probablemente, trataría de explorar modos de mejorar los pronósticos.

Cuanto más lo pienso, más me convenzo de que yo jamás diría: "Al diablo con usar un pronóstico, comencemos de cero". Nunca preguntaría: "¿Cómo deben operar si parten del supuesto de que no pueden prever la demanda futura de cada artículo?". Y aun cuando me pasara por la mente manejar las operaciones sin un pronóstico, estoy segura de que todas las razones por las cuales no se puede hacer (las que ellos naturalmente plantearon) me harían abandonar esta "descabellada" idea después de un minuto o dos.

Esa es mi segunda barrera. ¿Qué le da *a él* la habilidad para seguir ese rumbo sin esfuerzo? ¿Y mantenerlo hasta salvar todos los obstáculos?

¿Será su excepcional capacidad cerebral? No lo creo. Uno no necesita un supercerebro para decir: "Ahora que nos hemos percatado de que algo está mal, ¿podemos vivir sin ello?". Pero cuando este algo está en la base, cuando está en el cimiento de todo lo que se hace, entonces lo que hace falta es valor. Y, considerando el montón de obstáculos, también determinación. Papá dice que yo podría tener las mismas habilidades si tan solo abandonara la percepción de que la realidad es compleja. No veo cómo una percepción diferente le pueda dar a una persona el coraje y la firmeza que se necesitan. Esa es la tercera cosa que tengo que verificar.

Me gusta el avance que he logrado. Sigo analizando su informe.

Lo que me sorprendió, ya desde la primera lectura, es que una vez que llegó a una solución maravillosa, una solución con el potencial para entregar la cifra imposible de 4.000 millones de dólares al año, no se detuvo ahí. Siguió mostrando cómo se podía lograr mucho más.

¡Y luego lo volvió a hacer!

No me puedo visualizar haciendo lo mismo. No puedo visualizar a nadie haciéndolo. ¿Cuánta gente conozco que una vez que encuentra una solución, capaz de lograr lo inconcebible, continúa buscando cómo hacer mucho mejor las cosas? ¿Qué le da la motivación para continuar explorando más y más soluciones? Esa habilidad no se puede describir solo como valor o determinación. Francamente, no conozco una palabra que lo describa bien.

La percepción que papá tiene de la realidad debe ser efectiva si puede motivar a una persona para que haga esas cosas.

Creo que ya estoy lista. Papá, nuestra próxima reunión será un desafío también para ti.

Me muero de ganas de que ya sea mañana.

4

SIMPLICIDAD INHERENTE

La expresión de papá se ilumina cuando entro en su estudio. Pero podría ser porque llevo una humeante taza de café en la mano.

–Gracias, querida –me dice cuando se la entrego–. ¿Alguna perla de sabiduría de mis nietos? –pregunta.

Primero le doy la buena noticia.

–Amir vendrá dentro de dos horas para jugar a "Héroes" contigo.

Luego voy directo al grano.

–¿Comenzamos, entonces? ¿Qué puede ayudar a una persona a pensar con claridad?

–Efrat, tú sabes la respuesta –contesta, mirando atentamente su café.

–¡Papá!

Se reclina en el sillón giratorio, da vuelta para mirarme directamente y sonríe.

–¡Vaya! ¡Venimos hoy con mucha energía!

Le hago un gesto.

–Para que una persona piense con claridad –dice–, lo que necesita es aceptar el concepto de "simplicidad inherente", no como una especulación interesante, sino como el modo práctico de ver la realidad, cualquier realidad.

Con frecuencia he oído a mi padre usar la expresión "simplicidad inherente". También me percato de lo central que es para su modo de pensar. Pero, francamente, nunca lo he entendido del todo.

–Papá –digo–, he estado practicando algunos de tus métodos desde hace casi veinte años. Hasta me engaño y me digo que le he hecho aportes significativos al cuerpo de conocimiento. Pero hasta ayer, había estado tratando tus enseñanzas como una colección de métodos excelentes, no como un camino para alcanzar una vida plena.

–¿Qué fue tan especial ayer?

–Que por primera vez me hablaste no de métodos y aplicaciones, sino de un modo de abordar la vida.

Por un rato no dice nada.

–Francamente –agrega luego–, no le veo mucha diferencia.

Papá puede ser muy ciego a veces. En lugar de discutir, le digo:

–Me gustaría entender tu enfoque completamente. ¿Te molestarías si hago de abogada del diablo mientras me explicas qué quieres decir con "simplicidad inherente"?

Sonríe y me mira con una chispa en los ojos.

–La simplicidad inherente, en pocas palabras, está en el corazón de toda ciencia moderna, como lo planteó Newton: *"Natura valde simplex est et sibi consona"*, que significa "la naturaleza es en extremo simple y está en armonía consigo misma".

–¿Me puedes explicar lo que quiere decir "en extremo simple"? –puntualizo.

–La realidad generalmente nos parece compleja...

–¡Concedido! –interrumpo.

–Toma, por ejemplo –continúa–, los movimientos de todos los cuerpos del mundo, incluyendo las colisiones y explosiones. ¿Puedes imaginarte algo más complicado que eso?

Me dan ganas de decir que el comportamiento humano, pero no quiero interrumpirlo de nuevo.

–Parecía complejo hasta que Newton planteó sus tres leyes del movimiento. Newton no inventó sus tres leyes, las descubrió. Reveló la simplicidad inherente que estaba ahí. Newton fue probablemente uno de los primeros en atreverse a preguntar seriamente "¿por qué?". Y al decir seriamente, me refiero a no darse por satisfecho con una respuesta que en realidad no es respuesta.

–¿Una respuesta que no es respuesta?

–Durante 1.500 años antes de Newton, los científicos como Ptolomeo, sus maestros y seguidores sostuvieron que los planetas se movían en círculos. ¿Por qué? Porque el círculo es la forma divina. ¿Cómo sabían que los círculos eran la forma divina? Porque hasta los planetas se movían en círculos. O ¿por qué caen los cuerpos? Porque está en su naturaleza caer. Esta fue la explicación que dio Aristóteles. Una explicación que la gente aceptó a pie juntillas como si fuera el Evangelio durante casi dos milenios. La clave está en insistir en una respuesta significativa. Todos los niños son Newton en potencia. Implacablemente preguntan por qué, y no se satisfacen con respuestas como "tu mamá puede explicártelo" o "porque así lo hizo Dios". ¿Te acuerdas de cómo definió Amir a Dios?: "La palabra que usan las mamás cuando no saben qué contestar".

–Ya entiendo la importancia de preguntar por qué –intervengo–. ¿Pero de qué modo está conectado eso con darse cuenta de que la naturaleza es en extremo simple?

–Buena pregunta. Permíteme explicarte la profundidad de lo que dice Newton. Cuando preguntamos por qué existe algo, buscando la causa de ese algo, generalmente recibimos más de una respuesta u obtenemos una respuesta que contiene más de un componente. ¿Qué sucede si continuamos, como el chiquillo de cinco años, profundizando cada vez más, ahora acerca de la causa y de cada componente de nuestra respuesta anterior? A primera vista, la impresión es que acabaremos por lidiar con más y más causas; es decir, la impresión intuitiva de que utilizar sistemáticamente el "¿por qué?" solo nos llevará a más y más complejidad. Lo que Newton nos dice –continúa– es que sucede lo contrario: el sistema converge, van apareciendo causas comunes a medida que vamos profundizando. Si profundizamos lo suficiente, encontraremos que hay muy pocos elementos en la base, las causas raíz, que rigen todo el sistema a través de conexiones de causa y efecto. El resultado de aplicar sistemáticamente la pregunta "por qué" no es una enorme complejidad, sino una maravillosa simplicidad. Newton tuvo la intuición y la convicción para dar ese salto de fe y para creer que la convergencia existe, no solo en los aspectos que él examinó con mayor atención, sino en cualquier sección de la naturaleza. La realidad está construida con una simplicidad maravillosa.

–Espera un momento –digo–. Newton hizo un acto de fe, pero con tu última aseveración tú le acabas de poner encima otro acto de fe.

–Muy observador de tu parte notar que sustituí la palabra "naturaleza" por "realidad". –Parece satisfecho. –No estoy hablando solo de la naturaleza; no solo del mundo material, de átomos, electrones, moléculas, enzimas... Estoy hablando de todos los aspectos de la realidad, incluyendo a la gente y todo lo que crea. La misma convergencia, la misma y maravillosa simplicidad, existe en todos los aspectos de la realidad. La realidad está construida con una simplicidad maravillosa.

Tengo mis dudas.

–Sé –continúo con suavidad– que en las ciencias exactas la especulación de Newton es aceptada como el fundamento; los científicos buscan las causas raíz sin siquiera preguntar si están seguros de que existen. Pero en las ciencias sociales ese no es el caso. Muéstrame a un psicólogo que esté de acuerdo con que la realidad es simple. –Y para provocarlo, agrego: –¿No conoces gente diferente, que tiene libertad de elección?

Suspira.

–Muchas veces he escuchado el argumento de que las personas, a diferencia de las cosas que manejamos en las ciencias exactas, no son predecibles; que las personas no están sujetas a leyes de causa y efecto. –Quiero intervenir, pero me hace una seña para que lo deje continuar. –Es completamente erróneo. Basándome en experiencia de primera mano, te puedo asegurar que soy capaz de predecir lo que me sucederá si le digo a tu madre mi verdadera opinión sobre su auto nuevo. ¿Que la gente no es predecible? ¡Pamplinas! –Más calmado, pregunta: –¿Aceptas la afirmación "dime cómo me mides y te diré cómo me comporto"?

Recuerdo la primera vez que escuché esa oración. Empezaba a estudiar Psicología y por lo tanto la estudiaba desde todos los ángulos posibles.

–Sabes que sí –contesto.

Toma la pipa y continúa.

–Quienquiera que acepte una afirmación así está admitiendo, de hecho, que la gente es predecible, que está sujeta a la lógica de causa y efecto. En este caso, la causa es la medición y el efecto es el comportamiento resultante. Por supuesto que la gente no es totalmente predecible, pero tampoco lo son los electrones. Ni el clima. ¿De acuerdo?

Mientras enciende la pipa, lo miro y espero.

–Estás entrando por una puerta abierta de par en par –protesto–. ¡Claro que si la gente fuera totalmente impredecible, no habría bases para la sociedad o la familia! Es más, si la gente fuera totalmente impredecible, yo no tendría profesión.

–Entonces, ¿cuál es la diferencia entre el mundo material y el mundo de lo humano? –pregunta–. ¿Por qué es tan difícil de aceptar que la simplicidad inherente existe en todas las partes de la realidad?

–Porque los humanos son mucho más complejos –insisto–. A la gente le resulta difícil aceptar que la simplicidad inherente existe en lo aparentemente complejo.

–Efrat –me ataja–, ¿eres la misma que hablaba conmigo ayer? En esa conversación te empeñaste en enfatizar que un grupo de personas es más complejo que un individuo y que los casos más complejos son las organizaciones. ¿Acaso el informe que te di no demuestra claramente la simple, embarazosamente simple, causa raíz que gobierna a una organización compleja? –Luego pregunta en broma: –¿O crees que esa organización en particular no es suficientemente compleja?

–¡*Touché*! –exclamo al percatarme de que tiene razón.

Se supone que una compañía que maneja la abrumadora cifra de 80.000 variaciones es más compleja de lo que yo pueda imaginar. Pero a través del análisis de causa y efecto, mediante la simple lógica del sentido común, se llegó hasta la causa raíz y la situación quedó tan clara como el agua. Tan clara que tuve que preguntarme cómo podía ser que nadie, ni los gerentes de esa compañía ni los de ninguna otra del rubro, se hubiera percatado de ello antes.

Pero sigo a disgusto.

–Por una parte estoy convencida de que la realidad en el caso de BigBrand es simple. Pero te escuché a ti. Seguí tu lógica. Incluso puedo aceptar lo que digas y el hecho continúe siendo que la gente es compleja, y que BigBrand es una organización abrumadoramente compleja. ¿Cómo pueden ser simples las cosas que en apariencia son complejas? No entiendo.

Comienza a vaciar su pipa. Luego la llena, tomando tabaco de una cajita. Espero pacientemente. Cuando, por fin, empieza a soltar bocanadas de humo, comienza a hablar.

–Supón que ves a dos personas discutir por un pepino, que si es más largo o más verde. Una alega que es más largo que verde porque solo es verde en el exterior, pero es largo por dentro y por fuera. La otra sostiene que es más verde, ya que lo verde abarca no solo lo largo sino también lo ancho. ¿Tú qué opinas, querida? ¿Quién de los dos tiene razón?

–¡Papá! –clamo con irritación.

Fríamente, continúa:

–El desacuerdo de estas dos personas no tiene ningún sentido porque "largo" y "verde" son diferentes entidades. ¿Será posible que estés confundida por estar cometiendo el mismo error?

–No lo estoy –respondo con firmeza–. Un pepino puede ser las dos cosas, verde y largo, pero un sistema no puede ser complejo y simple al mismo tiempo. Simplicidad es lo contrario de complejidad.

–Eso depende de tu definición de complejidad –señala, tomando una hoja de papel. Enseguida dibuja un par de diagramas.

–Aquí tienes dos sistemas. El de la izquierda, llamémoslo sistema A, se representa con cuatro círculos. Y la pesadilla de círculos y flechas de la derecha es el sistema B. ¿Cuál de estos dos es más complejo?

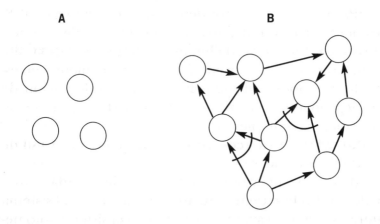

A   B

Mi primer impulso es responder que el sistema B es mucho más complejo. Pero después de pensarlo un poco, ya no estoy tan segura. Para no comprometerme, prefiero mantener la boca cerrada.

A papá no parece molestarle mi silencio.

–La respuesta depende de la definición que uno tenga de complejidad –comienza a explicar. –La idea que prevalece es que cuantos más elementos tenga uno que aportar para poder describirlo completamente, más complejo es el sistema.

–Esa es una buena definición –acepto–. Si uno solo necesita cinco oraciones para describirlo, el sistema es simple; pero si necesitas cientos de páginas para hacerlo, el sistema es mucho más complejo.

–De acuerdo con eso –continúa–, no hay duda de que el sistema B es mucho más complejo. Contiene más círculos, y también muchas flechas. Como probablemente ya sabrás, la descripción de una flecha de causa y efecto normalmente requiere más datos que la descripción de una entidad, es decir, un círculo.

–Correcto –afirmo y, acto seguido, con una dulce sonrisa, agrego: –Pero...

Me devuelve la sonrisa y continúa.

–¡Pero... pero hay otra definición de complejidad! Si eres científico o gerente, no te interesa tanto la descripción del sistema. Lo que verdaderamente te interesa es la dificultad para controlar y predecir su comportamiento, en especial a la hora de introducir cambios. Tu definición de complejidad es que mientras más grados de libertad tenga el sistema, más complejo será.

–No soy física –le recuerdo–. ¿Qué quiere decir eso de "grados de libertad"?

–Mira al sistema y pregúntate cuál es la cantidad mínima de puntos que tienes que tocar para afectar al sistema entero. Si la respuesta es uno, entonces el sistema solo tiene un grado de libertad. Tal es el caso del sistema B, donde si produces un impacto en el círculo inferior, influyes en todos los demás círculos a través de las flechas de causa y efecto. Si la respuesta es cuatro, como en el caso del sistema A, entonces el sistema tiene cuatro grados de libertad. Por cierto, un sistema que tiene cuatro grados de libertad es más compleja por muchos órdenes de magnitud. Es más difícil de controlar y predecir que un sistema que solo tiene un grado de libertad. Ahora, Efrat, ¿qué me respondes? ¿Cuál de estos dos sistemas, A o B, es más complejo?

Tentativamente digo: –La respuesta depende de la definición de complejidad. –Todavía lo estoy digiriendo... Pero pronto continúo: –Entonces, BigBrand es abrumadoramente más complejo de acuerdo con la primera definición. Pero una vez que logramos construir las causas y los efectos, y encontramos que solo hay una entidad en la base, solo una causa raíz, caemos en la cuenta de que es extremadamente simple. Y, como resultado de este entendimiento, ahora sabemos cómo reaccionará a los cambios, incluyendo el cambio que podría impulsar su desempeño en utilidades hasta nuevos récords.

Necesito algo de tiempo para aceptar al hecho de que la gente y las organizaciones pueden ser increíblemente complejas y de todos modos ser exageradamente simples. Que la complejidad y la simplicidad pueden coexistir. Me queda clara una cosa: este concepto de la simplicidad inherente es mucho más poderoso de lo que pensaba.

–No hemos terminado –sonríe–. Hasta ahora, hemos hablado solo de uno de los obstáculos que le impiden a la gente usar con eficacia su capacidad cerebral: la percepción de que la realidad es compleja. El concepto de simplicidad inherente nos ayuda a eliminar no solo el primer obstáculo, sino también el segundo.

–¿Cuál es el segundo obstáculo?

Me mira pensativamente por un momento y luego dice: –Efrat, si no te importa, creo que será mejor que continúe explicándote la afirmación de Newton, hablando del otro aspecto de la simplicidad inherente que te permitirá no solo identificar el segundo obstáculo, sino también percatarte de cómo superarlo, lo cual ayuda a preparar el camino para tener una vida plena.

–Soy toda oídos.

–Lamentablemente –dice–, eso requiere tiempo y, querida, ahora tengo algo mucho más importante que hacer.

Y girando hacia su computadora se dispone a abrir "Héroes". Su nieto está por llegar.

5

CONTRADICCIONES Y CONFLICTOS

Mientras ellos juegan, trato de articular mi comprensión, ahora más profunda, de lo que él llama "simplicidad inherente".

Habla de lo que está ahí efectivamente, no en la superficie, sino debajo de ella. Habla de lo que podemos revelar si tan solo nos molestamos en rascar la superficie.

Si desglosamos una situación en sus componentes, si nos permitimos sumergirnos en la inmensa cantidad de detalles y describimos estos componentes y las relaciones existentes entre ellos, acabaremos con una apreciación cada vez mayor de la complejidad de la situación.

Esto también es válido al examinar la relación entre dos personas estrechamente vinculadas. Basta con escucharlos cuando describen su relación: una madre y su hija adolescente, dos amigos, una persona y el compañero de trabajo, ya no se diga un matrimonio. Muy pronto te cansas de escuchar la gran inmensidad de detalles y de inconsistencias entre versiones.

Puesto que cada persona tiene relaciones con muchísimas otras, cuando examinamos una organización la complejidad es sobrecogedoramente enorme.

La aseveración es que en todas estas situaciones existe una simplicidad inherente. La simplicidad surge cuando toda esa cantidad de componentes y detalles se conectan mediante relaciones simples de causa y efecto, y cuando todo ello surge de tan solo unos cuantos, muy pocos, elementos. Eso es lo que Newton creía sobre la naturaleza. Eso es lo que papá cree sobre la realidad.

No sostiene que la realidad no sea abrumadoramente compleja, lo reconoce por completo. Pero dice que hay un modo de percatarse de que, desde otro punto de vista más importante, es exageradamente simple.

¿Acepto eso?

Mientras sea solo una especulación filosófica, en realidad me da igual. Pero si papá me convence de que ayuda a pensar como verdadero científico, entonces es otra historia. Deseo vivir una vida plena y estoy consciente de que pensar con claridad ayuda a lograrlo. Lo que falta demostrar es si la creencia en la simplicidad inherente me va a ayudar a superar las barreras que me impiden pensar con agudeza. Anoche identifiqué tres de esas barreras. Pero primero tengo que entender la otra parte de este extraño concepto de la simplicidad inherente. Estoy impaciente por que terminen de jugar esa tontería en la computadora.

Cuando mi madre llama a Amir a comer y papá lo deja partir con un beso, por fin vuelvo a contar con toda su atención.

Se reclina en su sillón y continúa justo donde nos habíamos quedado.

–Hasta ahora solo hemos hablado de la primera mitad de la afirmación de Newton. La segunda parte de su aseveración, la que dice que la naturaleza está en armonía consigo misma, no es menos importante.

–En armonía consigo misma... –repito–. ¿Cómo debo interpretar una frase así?

–Una interpretación podría ser que no hay contradicciones –explica.

–¿Y eso para qué sirve? –pregunto–. ¿No es obvio que la naturaleza no tiene contradicciones?

–Muy bien, pequeña sabihonda, déjame replantear la sentencia de Newton de la siguiente manera: la realidad no contiene conflictos. ¿Ahora la aceptarías? Y acuérdate de que los seres humanos son parte de la realidad.

Me acaba de dar la clave. Triunfante le digo:

–Ahí está la diferencia entre el mundo material y el mundo basado en lo humano, entre las ciencias exactas y las ciencias sociales. El mundo material no contiene contradicciones. Pero las personas tienen conflictos, no solamente entre ellas, sino internos.

–Hay otro modo de verlo –dice.

Es demasiado.

–Papá, te puedo asegurar que no hay modo en que me puedas convencer de que la gente no tiene conflictos.

Recurre a su pipa.

Después de un rato, vuelve a hablar.

–Déjame dar un paso atrás. Quizá debamos discutir las diferencias y semejanzas entre las palabras contradicción y conflicto.

Como no sé adónde va, mejor me quedo callada.

–Examinemos un ejemplo de cuán profundamente arraigada está la convicción de que no hay contradicciones en el mundo material. Supongamos que tenemos dos técnicas distintas para medir la altura de un edificio. Y que cuando las aplicamos al mismo edificio obtenemos dos cifras muy diferentes. Ante una contradicción tan obvia, nadie dirá: "Vamos a pactar que la altura de este edificio sea el promedio entre las dos mediciones". Lo que diríamos es que en alguna parte del proceso hemos tomado un supuesto erróneo. Verificamos si en el tiempo transcurrido entre las dos mediciones no se le agregaron pisos. Si no es así, exploramos si nuestro supuesto de que cada una de las mediciones se efectuó correctamente es verdadero. Si las dos se hicieron bien, buscamos un error en las técnicas mismas; exploramos la posibilidad de que una de las dos sea defectuosa. En casos extremos, hasta dudamos de nuestro entendimiento del concepto de altura. Pero siempre buscamos los supuestos erróneos y jamás contemplamos la posibilidad de una componenda, un compromiso. Es muy firme nuestra convicción de que no hay contradicciones en la naturaleza.

Eso no me impresiona. –Un edificio no puede tener dos alturas distintas, eso es obvio. Pero una persona sí puede tener dos deseos en conflicto.

–Créeme que lo sé –replica–, sé que la gente puede tener conflictos. Pero eso también es cierto en el mundo material. Está lleno de conflictos. La realidad no contiene contradicciones, pero está llena de conflictos.

–¿Puedes explicar la diferencia entre contradicción y conflicto?

–Un conflicto es una situación en la que deseamos una contradicción. –Cuando ve que eso me deja en blanco, se apresura a explicar: –Toma, por ejemplo, el ala de un avión. Por una parte necesitamos que las alas sean fuertes. Y para asegurar esa fuerza, debemos usar estructuras gruesas. Pero, por otro lado, necesitamos que sean livianas, y para asegurar eso debemos usar estructuras delgadas. Un conflicto típico. Y como cualquier otro, incluyendo los que existen entre las personas, conducirá, en el mejor de los casos, a alguna componenda o compromiso aceptable; y en el peor, a chocar contra un muro de cemento.

–De hecho –digo–, en muchas situaciones el conflicto conduce a un mal acuerdo, a un mal arreglo. A aceptar un compromiso que será causa de muchos efectos indeseables. Pensándolo bien, no se me ocurre ni un ejemplo de un efecto indeseable que no sea resultado de un conflicto.

–Sin discusión –concuerda–. Lo que estoy sugiriendo es que tratemos los conflictos como el científico trata las contradicciones.

En los últimos diez años he acumulado mucha experiencia, en su mayor parte exitosa, en la utilización de su método para superar los conflictos. Así que me permito hacerme cargo.

–En otras palabras –digo–, cuando nos enfrentemos a un conflicto, especialmente cuando no podamos encontrar un compromiso fácilmente aceptable, hagamos lo mismo que cuando nos encontramos con una contradicción: insistamos en que uno de los supuestos subyacentes es erróneo. Si, o más bien, cuando detectamos al supuesto subyacente lo eliminamos, resolvemos el conflicto.

–Correcto –responde–, así que ahora puedes verbalizar el segundo obstáculo que le impide a la gente utilizar eficazmente su capacidad cerebral.

Lentamente digo: –Necesito un minuto para organizar mis pensamientos. Ayer, llegué a la conclusión de que las oportunidades significativas se abren cuando uno ve cómo eliminar un bloqueo, cómo superar una situación indeseable que está convencido de no poder cambiar. Muchas veces el bloqueo se debe a un conflicto que no tiene una solución aceptable. Por experiencia sé que mientras pensemos que el único modo de manejar un conflicto es hacer compromisos, nunca pensaremos en los supuestos subyacentes y en cómo eliminar por lo menos uno de ellos y, de ese modo, nunca encontraremos el modo de eliminar el conflicto. Nunca lograremos un verdadero avance. Nunca develaremos la gran oportunidad que se oculta ahí. Simplemente bajamos nuestras expectativas.

Con gran seguridad afirmo: –El segundo obstáculo es que la percepción de la gente es que los conflictos se deben dar por sentados y que lo mejor que podemos hacer es buscar un compromiso, un arreglo.

Amargamente, papá comenta:

–En el mundo académico estamos alentando esa devastadora equivocación. Bajo el glorificado título de "optimización", invertimos considerables esfuerzos en enseñar a los estudiantes, no a eliminar los conflictos, sino a desperdiciar su tiempo en busca del "mejor" compromiso, el acuerdo más aceptable. ¡Qué desperdicio de talento!

–¿Puedes hacerme un resumen de lo que es la simplicidad inherente? –pregunto, para evitar que se vaya por la tangente de lo que está mal con la educación.

–Lo que quiero decir con simplicidad inherente es que la realidad, cualquier parte de ella, se rige por muy pocos elementos y que cualquier conflicto que exista puede eliminarse. –Luego agrega: –Si damos eso por sentado, como un hecho absolutamente correcto en cada situación, nos encontraremos pensando con claridad. –Vuelve a llenar su pipa.

No sé si he entendido del todo. Pongámoslo a prueba.

–¿Puedes explicarme cómo te ayudó tu creencia en la simplicidad inherente en el caso de BigBrand?

–¿No te parece que es demasiado tarde para abordar eso?

–Lo es. Te veo mañana.

Subo a buscar a mis hijos.

6

PONGAMOS LA CREENCIA A TRABAJAR

Dejo a los chicos en la escuela y me voy directamente a la casa de mis padres. Cuando llego, papá todavía está dormido. Entro de puntillas en su habitación. Se mueve.

–Vamos a poner a prueba tu creencia en la simplicidad inherente –susurro.

–Efrat –gruñe–, eres tan tremenda como tu mamá. –Sin embargo, menos de diez minutos más tarde entra en su estudio, donde lo estoy esperando.

–¿Dónde está mi café? –ruge.

Se lo entrego. Luego le doy su pipa y espero que la encienda.

Una vez que veo que se ha puesto cómodo, comienzo.

–Revisé el informe de BigBrand y estoy convencida de que por mi propia cuenta nunca habría podido llegar a un análisis y solución tan buenos. Así que, o aceptas que no tengo suficiente capacidad cerebral, o me demuestras cómo la creencia en la simplicidad inherente me puede ayudar a pensar como un verdadero científico.

–Mmm… –es todo lo que responde.

No me doy por vencida.

–Por ejemplo –insisto–, quiero entender cómo tu creencia te ayudó a concentrarte en los efectos que todos los demás estaban camuflando, en los productos agotados y las ventas de fin de temporada.

–Efrat –contesta–, yo no me molesté en hacer el análisis completo de BigBrand. Me habría llevado mucho tiempo. Traté de encontrar un modo de mejorar su desempeño significativamente y esa es la razón por la que solo examiné una fracción de esa empresa. Como es una muy buena, la mayoría de las cosas funcionan bien. Yo solo estaba examinando lo que no funcionaba bien. Me concentré en los efectos indeseables.

"Eso es importante", digo para mis adentros, y tomo nota mental.

–¿Entonces...? –lo animo a seguir.

–Debido a mi creencia en la simplicidad inherente, di por sentado que la sección entera, todas las cosas que no funcionaban bien, estaban causadas por muy pocos elementos. De hecho, por experiencia, esperaba solo uno, una sola causa raíz. Además, como estaba trabajando con efectos indeseables, también di por sentado que la causa raíz era un conflicto que se había intentado resolver con un acuerdo inaceptable.

"Los efectos indeseables son el resultado de un compromiso insatisfactorio", pienso, y luego digo en voz alta:

–La gente tiende a reprimir los problemas crónicos, aquellos ante los que se han dado por vencidos y no tienen posibilidades de resolver. Tu creencia en la simplicidad inherente te hace pensar que esos problemas se pueden resolver porque son el resultado de un conflicto raíz y que el conflicto puede ser eliminado. Por eso no tuviste la tendencia a camuflar esos problemas. Ya veo. Más aún –continúo–, los problemas menores son los que se pueden desconectar del compromiso, y esa es la razón por la que se pueden manejar dejando intacto el conflicto. Así que comenzar con un pequeño problema no puede garantizar que te conducirá al conflicto raíz. Pero tu meta era llegar directamente al conflicto raíz. O sea, que no solo no estabas reprimiendo los problemas crónicos, sino que estuviste buscándolos intencionada y entusiastamente.

–Algo así, querida –suspira–. Cuando estoy tratando de mejorar una situación, no veo por qué desperdiciar el tiempo con problemitas cuando puedo resolver los problemas grandes. Mucho mayor rendimiento, con básicamente el mismo esfuerzo.

Me gusta más mi explicación que la suya. La simplicidad inherente ayuda a superar la primera barrera psicológica, la tendencia a esconder los grandes problemas. ¿Y el valor y la determinación que yo supuse necesarios para buscar una solución audaz, una solución atrevida, como eliminar el pronóstico como base para operar?

Es obvio ahora. Estoy segura de que si le hubiera dicho que necesitaba valor y determinación, se habría reído en mi cara. La creencia en la simplicidad inherente es todo lo que necesita. Parte de esa convicción es que cualquier conflicto, incluyendo los de raíz, se puede eliminar quitando uno de los supuestos falsos subyacentes. Es lo que hizo. Era lo que pretendía hacer aun desde antes de conocer el conflicto y su supuesto subyacente.

Por lo tanto, primero identificó el conflicto fundamental, es decir: tener más para evitar faltantes versus tener menos para evitar sobrantes.

Luego identificó el supuesto subyacente, o sea, el único modo de definir la cantidad correcta es saber con anticipación cuál va a ser la demanda, o en pocas palabras, pronosticar la demanda. Luego, su reacción natural fue tratar de sustituir el supuesto subyacente. Preguntar: ¿cómo deben operar si su supuesto de inicio es que no conocen la demanda futura de cada artículo? Tampoco es de extrañar que, a pesar de todos los obstáculos, él haya persistido, porque su creencia en la simplicidad inherente le aseguraba que iba por buen camino. Es fantástico.

De hecho, eso es lo que hago con mis pacientes. Recurren a mí no porque su vida funcione bien, sino porque tienen problemas, efectos indeseables. Desde que empecé a usar las técnicas de papá, yo también supongo, a priori, que los efectos indeseables de los que se quejan son resultado de un conflicto; un conflicto entre las partes en el caso de las relaciones, y uno interno en el caso de individuos. Una vez que verbalizo bien el conflicto central, yo también expongo los supuestos subyacentes y trato de llevar a los pacientes a que se percaten de que hay modos de cambiar esos supuestos.

Tal vez la única diferencia entre los individuos y las organizaciones es que, en el segundo caso, los supuestos subyacentes no son percibidos como supuestos sino como hechos. Por lo tanto, es más difícil identificarlos y cuestionarlos. O, tal vez, la única diferencia está en mi propia cabeza. Yo me siento cómoda trabajando con individuos, pero me siento menos competente ante las organizaciones.

Miro mi reloj. Pronto tendré que ir a recoger a los chicos. Pero todavía quiero indagar sobre la tercera barrera psicológica. ¿Por qué no se detuvo cuando encontró una solución excelente?

–¿Por qué continuaste buscando soluciones cada vez mejores? –pregunto al tiempo que me levanto.

–De hecho, no lo hice –confiesa–, pero sí cambié un supuesto subyacente, así que me sentí impulsado a ver todas las ramificaciones, a completar la panorámica de mi nueva comprensión de la realidad. El hecho de que surgieran dos mejoras adicionales fue un efecto colateral, casi inesperado. La realidad se construye con una simplicidad maravillosa y a mí me encanta ver cosas maravillosas.

Lo abrazo. Al dirigirme al auto le doy las gracias.

–Por fin, creo entender lo que quieres decir con simplicidad inherente.

–Todavía no, mi amor. Aún te falta una arista importante.

7

ARMONÍA

A papá no parece sorprenderle que, a las dos horas, esté yo de regreso en su estudio.

–¿Qué me falta? –pregunto.

Sabe exactamente lo que le estoy preguntando. Sin titubear, responde:

–Newton dijo: "La naturaleza es en extremo simple y está en armonía consigo misma". Creo que reducir la interpretación de "en armonía consigo misma" tan solo a que "no contiene contradicciones" es pasar por alto la verdadera belleza de la armonía que existe en la naturaleza. Cada científico que ha aportado algo significativo a nuestra comprensión ha mencionado con asombro esa armonía.

Soy una persona pragmática. Lo que me gusta del modo de pensar de papá es que todo se explica con claridad.

Primero, se expresan explícitamente los supuestos básicos.

Luego, utilizando una lógica impecable, se deriva la técnica.

Finalmente, todo se resume en una lista de pocas y sencillas instrucciones. Escucharlo hablar de travesuras intangibles como el asombro por la armonía de la naturaleza me incomoda.

–¿Para esto me apresuré a regresar? –digo, sin poder ocultar mi decepción.

–Mira –trata de explicar–, es sorprendente cómo las cosas que no parecen estar relacionadas se conectan para formar una imagen más grande. Las semejanzas y simetrías surgen prácticamente de la nada con tanta frecuencia, que los científicos empiezan a esperarlas y a usarlas. La armonía está en todos lados. –Cuando se percata de que sigo incómoda, se pregunta en voz alta: –¿Cómo te podré demostrar esa sensación?

–¿Es importante? –suspiro–. Digo, ¿me va a ayudar a pensar con mayor claridad?

–Esta bien, hagámoslo paso a paso. Ya hemos develado los primeros dos obstáculos para pensar con claridad: la percepción de que la realidad es compleja, y la tendencia a aceptar los conflictos como inevitables. ¿Qué tal si te dijera que un entendimiento más profundo del grado en el que la realidad es armónica ayuda a superar el tercer obstáculo que impide pensar con claridad? Y, querida, no te engañes, tú también estás bloqueada por ese obstáculo.

–Eso es interesante. ¿Cuál es el tercer obstáculo?

–Antes de contestar, necesito preguntarte algo.

–Adelante.

–Permíteme especular que tú, como cualquier otra persona, has estado involucrada en relaciones que han distado mucho de ser armoniosas. ¿Me puedes decir las razones por las que crees que faltó armonía?

Empiezo a repasar esas relaciones por mi cabeza antes de contestar.

–Se debió a que la gente con la que tenía esas relaciones era demasiado egoísta. Solo buscaban sus propios intereses y no les importaba mucho cómo me afectaban sus exigencias. –Como no dice nada, continúo: –Ahora, ¿me puedes decir cuál es el tercer obstáculo?

–El tercer obstáculo es que tendemos a culpar a la otra parte –responde, y sonriendo agrega–: tal como tú lo acabas de hacer.

No puedo reprimir el comentario: –No es que esté culpando. Simplemente estoy enunciando los hechos. –Luego pregunto: –¿De qué modo es un obstáculo culpar?

–Culpar a otro no es una solución…

–¡Pero apunta en el sentido de la solución! –interrumpo.

–Ese es precisamente el problema –responde–. En demasiados casos culpar nos orienta en la dirección equivocada, en la que no encontraremos una buena solución. Aunque se retire a la persona, la mayoría de las veces el problema persiste.

Reviso varios escenarios así en mi mente para verificar si tiene razón. Podría tenerla.

–Es más –continúa–, culpar a los demás echa leña al fuego. Es la receta para arruinar la armonía de una relación.

–Eso sí lo acepto –sonrío.

–Efrat, pensar claramente también significa encontrar la ruta más efectiva hacia tu objetivo. En este sentido, saber cómo preservar la armonía en las relaciones es sumamente importante para una persona que quiere vivir una vida plena. Siempre que busques oportunidades prometedoras, probablemente necesitarás mucha colaboración de los demás. Si las relaciones no son armoniosas, no podrás obtenerla, y las probabilidades de aprovechar una buena oportunidad se reducen considerablemente.

–¿Y si el otro *sí* tiene la culpa? –pregunto. Y luego agrego: –Supongo que tendré que escoger muy cuidadosamente a las personas con quienes trabajar… pero eso no siempre es posible. Bueno, adelante. Pero ahora necesito saber qué recomiendas en lugar de culpar.

–Esto nos trae de regreso al tema de la importancia de la convicción de que la realidad es armoniosa. ¿Te parece si buscamos primero la definición de armonía? –sugiere.

Cuando se levanta a buscar el diccionario, me siento en su lugar para buscar en Internet.

En un diccionario encuentro (después de saltarme, sin el consentimiento de papá, las acepciones que se relacionan con la música) las siguientes definiciones: "Cualidad de formar un todo agradable y uniforme" y "Acuerdo o concordia". En otro figuran: "Compatibilidad de opinión y acción" y "Acuerdo de opiniones".

Todas coinciden con lo que pienso acerca del término.

–¿Cómo puede el concepto de armonía ayudarme a dejar de culpar a las personas? –pregunto. Y para mis adentros pienso: "¿Por qué no he de culpar a los demás cuando es su culpa?".

–¿Ya me puedes devolver mi asiento? –demanda. Meticulosamente vuelve a llenar la pipa. Luego usa tres fósforos hasta que enciende bien. Por fin, atiende mi pregunta.

–Vas a poder abstenerte de culpar a las personas cuando te hayas convencido de que no hay razón para hacerlo. Y antes de que saltes a la conclusión de que estoy hablando de un mundo utópico, permíteme resaltar que la creencia en la simplicidad inherente también implica una profunda convicción de que la armonía existe en cualquier relación interpersonal. –Espera mi reacción con una sonrisa amplia.

Tal como él lo esperaba, no puedo contener mi sorpresa.

–¿Que la armonía existe en todas las relaciones interpersonales? ¿Lo dices en serio?

Su sonrisa se hace más amplia.

–Pon atención, hija mía. No dije que toda relación humana fuera armoniosa. Estoy bien consciente de que las relaciones armoniosas son raras, demasiado raras.

–¿Que la armonía existe en cualquier relación, y no obstante, la mayoría de las relaciones no son armoniosas? Estoy totalmente confundida.

–Lo que estoy diciendo es que, a pesar de que, la armonía existe en cualquier relación interpersonal, lamentablemente, en la mayoría de los casos, no nos molestamos en encontrarla e implementarla en realidad.

Viendo que estoy perdida, sugiere: –Tal vez un ejemplo sirva para demostrar lo que digo. Dime un caso en el que estés convencida de que la relación no es armónica y lo más probable es que se siga deteriorando. Y yo te demostraré que, bajo la superficie, todo ya está ahí para procurar una relación armoniosa. Pero para que el ejemplo sea útil, por favor elige un caso genérico en lugar de contarme una complicada historia específica.

Lo primero que me viene a la mente es una amiga mía que está pasando por un divorcio bastante violento. Pero tiene razón, para describir la situación tendría que detenerme en los detalles y él podría aprovecharlos para decir que un comportamiento diferente conduciría a una mejor relación. Eso no nos llevaría a ningún lado. Es mucho mejor plantear un caso genérico donde sea obvio que no hay probabilidad alguna de llegar a una relación armónica. Será divertido verlo luchar y fracasar, en la imposible tarea de demostrar que todo ya está dado para convertir eso en una relación armoniosa.

–Dame un minuto –le digo.

Trato de visualizar escenas hipotéticas de dos partes que tienen una relación estrecha: una mamá con su hija adolescente; un matrimonio; dos gerentes de la misma jerarquía. Por supuesto, para cada tipo puedo encontrar casos de malas relaciones, incluso relaciones sumamente malas, pero en general, en la mayoría de estos ejemplos las relaciones son bastante buenas. A pesar de las disputas ocasionales, casi todas las mamás y sus hijas se quieren entrañablemente. La mayoría de los matrimonios que se mantienen unidos lo hacen no porque sea demasiado difícil conseguir un divorcio, sino porque desean continuar juntos. Entre la mayoría de los compañeros de trabajo hay camaradería. Voy a tener que abordarlo desde un ángulo distinto.

¿Cuáles son las características de las situaciones en las que espero relaciones inarmónicas? Con seguridad serán aquellas caracterizadas no por la camaradería y la lealtad, sino por las quejas y la insatisfacción. Cuando hay una gran asimetría entre las dos partes, una es casi totalmente dependiente de la otra, en tanto que la otra tiene varias opciones equivalentes.

El problema es que muchas veces la parte fuerte hace de cuenta que la relación está bien, hace la vista gorda con respecto a la animadversión que causa en el otro.

¿Cuáles son los escenarios en que es casi imposible ocultar el hecho de que las relaciones distan mucho de ser armoniosas?

Ya sé. Es cuando una de las partes, por sus intereses egocéntricos, le exige un cambio mayor a la otra.

¿Cuándo es probable que surja esa exigencia?

Supongamos que uno está haciendo un análisis concentrándose en los cambios que se necesitan para incrementar sus propios beneficios.

Si el análisis es completo y los beneficios son grandes, es de suponerse que los cambios requeridos serán fundamentales en el modo de operar. También se deduce que para lograr los beneficios hace falta un cambio en la otra parte. Naturalmente, la parte que hiciera el análisis tendría mayores preocupaciones cuando abordara a la otra para pedirle que intentase hacer el cambio requerido. Por experiencia, sé que cuando los cambios necesarios son fundamentales, espero que el otro plantee algunas objeciones. Si la relación no es buena, espero que la respuesta inicial sea negativa, e incluso agresiva.

Tengo un ejemplo genérico perfecto que le queda a eso como anillo al dedo. Es la relación entre la mayoría de las empresas grandes con sus pequeños proveedores comunes y corrientes.

Y conozco el escenario exacto en que papá va a admitir que es imposible encontrar un modo de fomentar la armonía. Es ahí donde se revela la verdadera naturaleza de la relación, cuando la gran empresa le plantea una exigencia más a su pequeño proveedor.

–Papá –digo dulcemente–, ¿me puedes contar las preocupaciones de los gerentes de BigBrand con respecto a las soluciones que les presentaste?

Piensa un rato antes de contestar.

–Curiosamente, la cosa que les preocupaba más era lo difícil y lento que sería persuadir a sus contratistas de que colaboraran; que sería necesario un alto nivel de instrucciones, con su concomitante aumento de asperezas, para que los contratistas cambiaran su modo de operación.

Eso es exactamente lo que esperaba. Con la misma dulce voz añado: –Papá, ese es el ejemplo que quiero. Demuéstrame qué armonía existe entre una compañía de marca y un contratista.

Me mira con aprecio.

–Eres dura de roer.

Solo sonrío.

Deja salir otra bocanada de humo.

–Esperas que el contratista se resista a la petición, mejor dicho la exigencia, de cambiar su tradición de recibir pedidos grandes con suficiente anticipación, al modo frenético de responder a órdenes pequeñas. Es razonable esperar resistencia.

–¿Razonable? –no esperaba que le bajara tanto el tono.

–Míralo desde el punto de vista del contratista. Ponte en el lugar de los gerentes de una pequeña empresa. Al enfrentarte a una exigencia tan egoísta de una compañía de marca, ¿no te frustrarías y amargarías? ¿No le echarías la culpa a la compañía, por ser abusiva? Volviéndose hacia su computadora, dice: –El informe que estoy por enviarte es exactamente lo que me acabas de pedir. Describe la misma situación, pero desde el punto de vista del contratista. Querida, prepárate para una gran sorpresa.

8

NUNCA DIGAS "YA LO SÉ"*

Cuando llega el momento de evaluar la aplicabilidad de nuestra solución genérica a un caso específico, hay una regla que estoy tratando de seguir: verificar y volver a verificar si los supuestos sobre los datos clave en los cuales se basa la solución sugerida son válidos para el caso específico. Recientemente, tuve que enfrentarme a una situación en la que se hizo evidente que me había desviado de esta regla. Por supuesto, las consecuencias fueron embarazosas, pero no es el motivo por el que me estoy obligando ahora a sentarme a escribir este documento. No soy masoquista. La principal razón es que el análisis renovado me mostró, una vez más, hasta dónde es cierto que la profundidad de lo que podemos entender no tiene fin. Hemos emprendido un viaje sin final, donde cada peldaño es emocionante y tiene su recompensa.

Quizá este caso me atrapó porque se trata de una fábrica de ropa deportiva. Si hay un sector en el que me engañé pensando que ya lo conocía por dentro y por fuera, es el de las empresas manufactureras. No obstante, el análisis renovado no solo aportó una, sino tres adiciones al cuerpo de conocimiento. La importancia de estas adiciones puede ser

* Este informe fue escrito y entregado al Grupo Goldratt en mayo de 2006. Para la presente obra, se han modificado algunos aspectos con el fin de facilitar su comprensión a los lectores que no estén familiarizados con la Teoría de las restricciones.

evaluada por el hecho de que en las siguientes semanas las usé efectivamente con otros dos fabricantes de bienes de consumo.

He aquí los detalles. El 85% del ingreso de la empresa proviene de ser contratista de grandes compañías de marca.

Generalmente, el contratista tiene uno o dos clientes dominantes. Un cliente dominante tiene el poder para sonsacarles un precio bajo a sus contratistas. Los precios bajos se traducen en bajos márgenes brutos, ya que los materiales comprados representan un alto porcentaje del ingreso. Pero esta empresa tiene más de diez compañías de marca como clientes, y ninguna de ellas es la dominante en sus ventas. Por lo tanto, no me sorprendió demasiado enterarme de que su costo de materiales solo representa la mitad de sus ingresos.

El otro 15% de las ventas proviene de sus propias colecciones, con su propia marca, que venden a través de diez tiendas propias y unas cuantas más de franquicia, ubicadas todas ellas en su pequeño país.

Un caso de libro de texto. En la primera reunión verifiqué que su tiempo de producción es de dos meses (algo muy común en la industria del vestido), que produce para toda la temporada en un solo lote y lo envía a las compañías de marca antes del inicio de la temporada.

Esta compañía se localiza en Europa. Así que tiene una gran ventaja con respecto a sus competidores del Lejano Oriente, que en la actualidad no está aprovechando: su tiempo de transporte a los depósitos centrales de todos sus clientes es de solo unos días. Esta proximidad a los mercados se desperdicia, dado que su largo tiempo de producción los coloca a dos meses de distancia de sus clientes. Pero, en realidad, no hay tiempos de preparación en la producción de la ropa deportiva, así que deberá ser fácil acortarlo a menos de una semana. Hace unos veinticinco años, publiqué el conocimiento relevante y desde entonces ha sido implementado en cientos de estas plantas.

Para convertir su mejor ubicación en una verdadera ventaja competitiva, solo basta que nos demos cuenta de las ganas que tienen las compañías de marca de reducir sus inventarios. Lo que a las marcas les encanta, casi tanto como les gusta bajarles más aún el precio a los contratistas, es que el contratista sea el que les guarde la mercadería en sus propias instalaciones. La proximidad del contratista, aunada a unos tiempos de producción drásticamente más cortos, le permite ofrecer este servicio a cambio de un modesto incremento en el costo. Al ofrecer este servicio, el contratista podrá obtener tantas órdenes como pueda manejar. Y podrá manejar muchas más que actualmente, dado que uno de los efectos secundarios de la reducción en el tiempo de producción es que se revela una importante capacidad adicional, un exceso de capacidad suficiente para casi duplicar las ventas sin incrementar el recurso humano.

Para duplicar sus ventas, el contratista sí tendrá que incrementar la capacidad. Eso no es problema, no hay escasez de operarios, y las máquinas solo son máquinas de coser. Con el costo de materiales a tan solo la mitad del precio de venta, para hacer que sus utilidades sean iguales a sus ventas actuales apenas necesitará un incremento en mano de obra de más o menos el 50%.

Siguiente caso, por favor.

Durante las extensas sesiones de verificación preliminar con los gerentes, resultó que un dato clave estaba mal: el costo de materiales no es el 50% de las ventas, sino el 75%. Aun cuando las grandes compañías de marca no son los clientes dominantes, de todos modos tienen el poder de exprimir al contratista para sacarle un precio bajo si muestra demasiado entusiasmo por crecer. Con márgenes brutos tan pequeños, el panorama cambia. Para llevar a la compañía a tener excelentes utilidades, no basta con solo incrementar las ventas, sino que también debe aumentar sus márgenes significativamente. En una palabra, adiós a la visión basada solo en llevarles los inventarios a las compañías de marca.

Habrá que responder a dos preguntas distintas. Para no volver a toparnos con una situación tan embarazosa, tenemos que saber por qué estuvo equivocado ese dato tan básico. Y para asegurar una visión para los contratistas que proveen a las marcas, también debemos tratar de responder una pregunta más interesante: ¿existe un modo factible de incrementar los márgenes?

En cuanto a la primera pregunta, no tardamos mucho en descubrir la fuente del error. Ese 50% se calculó usando sus estados financieros.

Por lo tanto, representa el promedio de sus dos canales de venta. Aunque el de las ventas directas a través de sus propias tiendas es relativamente pequeño (solo el 15%), afectó el porcentaje promedio de materiales.

Sencillamente, para el canal de venta directa, los materiales representan muchísimo menos que el 50% del precio de venta (los márgenes en el canal de venta directa se componen del enorme sobreprecio que le ponen a su propia marca, además del importante diferencial que le aplican sus propias tiendas).

Ahora entendemos el origen del error. Pero eso no nos ayuda a contestar una pregunta mucho más interesante: ¿qué podemos hacer para incrementar los márgenes?

Pedir un precio superior por responder rápido es lo primero que nos viene a la mente, en especial cuando consideramos que el tiempo total de producción actual es de dos meses y que es fácil reducirlo a una semana. Bueno, en su entorno hay una limitación que dificulta eso. El teñido de las telas es un proceso que se maneja por lotes. Por lo tanto, sus proveedores estarán renuentes a teñir pequeñas cantidades. Es más, los proveedores no están dispuestos a garantizar el mismo color en lotes subsiguientes.

Consciente de los sorprendentes beneficios que aporta pasar de producir para cumplir con un pronóstico a producir según el consumo real, primero me concentré en encontrar el modo de resolver el problema de la necesidad de grandes lotes de tela teñida.

Supongamos que todas las prendas se producen con una sola tela teñida. ¿Qué sucedería si la compañía comprara el material en grandes cantidades pero produjera, es decir, los convirtiera en prendas, en pequeñas cantidades según lo dictara el consumo real? Cierto, al igual que ahora, la inversión en materiales se haría con mucha antelación al consumo, pero con el tiempo se lograría una ganancial real. Casi no habría faltantes ni sobrantes de prendas.

Puesto que no todas las prendas se fabrican con una sola tela teñida, la efectividad de ese modo de operar para reducir los faltantes y sobrantes dependerá del grado en el que se utilice la misma tela en la confección de diferentes prendas.

Todos sabemos que, hasta cierto punto, la misma tela teñida se usa para diferentes prendas, por ejemplo, en todas las tallas del mismo modelo. Lamentablemente, esto no sirve de mucho. En la moda, los pronósticos son particularmente malos porque la vida de los productos en el mercado es demasiado breve. Los datos de consumo obtenidos en una temporada no se pueden utilizar para pronosticar el consumo de la siguiente. Pero ese no es el caso para pronosticar el consumo relativo de las diferentes tallas: la relación entre el consumo de una talla grande y una talla chica tiende a permanecer igual durante años.

Así que todo depende del grado en que se use la misma tela teñida para distintos modelos. Para eso controlé la cantidad de modelos diferentes que producen al año (35.000) y la comparé con la cantidad de diferentes telas teñidas que usan en el mismo lapso (4.700). La proporción es de uno a siete. ¿Será suficiente?

Sabemos que, en general, más o menos el 30% de las SKUS (las de alto movimiento) padecen de faltantes, esto es, se agotan antes de que comiencen las masivas ventas de remate de fin de temporada. Otro 30%, de movimiento lento, adolece de sobrantes, que se liquidan principalmente en las ventas de fin de temporada y en las tiendas de descuento.

Esto quiere decir que en un grupo de siete modelos hay una muy buena probabilidad, más del 90%, de que por lo menos uno de ellos sea de alto movimiento, así como que por lo menos uno sea de lento movimiento. Por lo tanto, aunque comencemos con una cantidad determinada (pronosticada) de tela teñida, de todos modos, en la mayoría de los casos, será útil la desviación que hagamos (de los de lento movimiento reales, a los de alto movimiento reales).

¿Pero qué *tan* útil?

Para responder esta pregunta tenemos que percatarnos de la naturaleza no lineal del daño que causan los faltantes. Supongamos que la temporada dura cuatro meses y que un artículo en particular se ha agotado en el primer mes. ¿Cuántas son las ventas perdidas con relación a la cantidad que se vendió? No se necesita ser matemático profesional para responder: las ventas perdidas son tres veces mayores que las ventas reales. ¿Qué decir de un artículo que se agota totalmente después de tres meses? Las ventas perdidas son solo una tercera parte de las ventas reales (menos, si toma uno en cuenta que en el último mes de la temporada los precios son más bajos). Esto quiere decir que, aunque trabajemos con una disponibilidad restringida de la tela teñida, podemos obtener el mayor efecto en términos de porcentaje de incremento en ventas, puesto que la mayoría de las ventas perdidas se pueden prevenir. Lo mismo se aplica a la reducción del mal efecto de los sobrantes, especialmente cuando consideramos que, cuanto más se tarde en vender el producto de lento movimiento, más bajo será el precio al que se venda.

¿Cómo podemos aprovechar esto? ¿Cómo podemos convertirlo en una oferta que las compañías de marca no puedan rechazar? Actualmente las compañías de marca ordenan la cantidad que necesitan para toda la temporada y exigen que se entregue antes de su inicio. Una vez que reciben los bienes, inmediatamente entregan alrededor del 40% a los minoristas para llenar las estanterías con la nueva colección.

No tratemos de cambiar a estas grandes compañías. Hagámosles una oferta que no requiera un cambio real de su lado, y en la que las ventajas para ellas resulten evidentes.

¿Qué les parece esto? Siguiendo con la práctica actual, el contratista recibirá las órdenes de cada artículo, basadas en el pronóstico, con suficiente anticipación al inicio de la temporada. Basándose en las órdenes, el contratista comprará la cantidad completa de tela teñida, como lo ha hecho hasta ahora. Pero cortará, coserá y embarcará solo la mitad de la cantidad pronosticada de cada artículo (la cantidad necesaria para llenar los circuitos minoristas y dejar algo para reponer en los depósitos de las marcas). Ahora, el contratista espera que le lleguen las órdenes de los minoristas a la compañía de marca. Los primeros pedidos son, obviamente, de artículos de alto movimiento. Al contratista se le informa de cada orden que recibe la marca y, mientras todavía tenga tela teñida, reabastecerá dentro de un lapso muy corto con relación al período de la temporada; dos semanas deberán ser suficientes para un sistema que está acostumbrado a un mínimo de dos meses. Seis semanas antes del fin de temporada, la marca deberá instruir al contratista sobre qué hacer con la tela que le quede. ¿Se convierte en ropa terminada, o se guarda hasta el año próximo (por cuenta y cargo de la marca)? Creo que si se presenta bien una oferta así, con una completa explicación de los beneficios, la marca inevitablemente ganará; las probabilidades de que todas las marcas la acepten con gusto son muy altas.

De hecho, sabedor de que todas las marcas actualmente están batallando para encontrar modos de incrementar su rotación de inventario, creo que estarán interesadas en una oferta así, al grado que el contratista la podrá usar efectivamente para incrementar sus márgenes. Aquí voy a empezar a especular. Lo siguiente deberá verificarse con las marcas y modificarse según sus respuestas[1].

Las marcas que operan con tres temporadas por año (lo estándar en ropa deportiva) tienen unas seis vueltas de inventario.

Para ellas, incrementar la rotación de inventarios a nueve es un logro mayor. Dudo de que alguien piense que doce vueltas de inventario sean realistas para su compañía. Por lo tanto, solicitar un bono basado en la rotación real de los inventarios podría ser una buena idea. El contratista deberá presentar su oferta más o menos en los siguientes términos:

En este momento, en ropa deportiva, tienen ustedes una rotación de inventarios de seis vueltas. Con nuestra oferta, basada en los enormes esfuerzos que hemos realizado para mejorar nuestros tiempos de reacción de dos meses a menos de dos semanas (incluyendo transporte), creemos que podrán lograr una mayor rotación de inventarios. Tomemos el supuesto conservador de que las fluctuaciones (y mucha suerte) pudieran lograr que su rotación sobre nuestras mercancías llegara a ocho vueltas. Entonces, reconozcamos nuestra contribución a la mejora de sus resultados únicamente si su rotación de inventarios se incrementa a la seductora cifra de nueve vueltas. En ese caso, recompénsenos por nuestra singular contribución. Por ejemplo,

---

1. A un año de la elaboración de este informe, se les presentó una oferta así a varias marcas. Todas la aceptaron con los brazos abiertos.

por cada vuelta de inventarios a partir de las nueve, dennos un bono equivalente a solo el 5% de nuestro precio.

Puesto que el margen de las marcas normalmente se encuentra cercano al 400% del precio que les pagan a sus contratistas, y que incrementar su rotación de inventarios es tan importante para ellos, una oferta así tiene una verdadera oportunidad de ser aceptada, por lo menos por tres o cuatro de los doce clientes que la compañía tiene. Por supuesto, para cerrar un trato así tendremos que escalar por todos los niveles del organigrama, desde el agente de compras hasta un ejecutivo relativamente encumbrado, así que no esperen que el trato se cierre rápido.

¿Qué impacto tendrá sobre los márgenes del contratista?

Mi expectativa fundamentada es que una oferta así hará que la rotación de inventarios de una marca (sin acción alguna de parte de la marca por cambiar el modo en que conduce su negocio con el minorista) pase de seis a quince vueltas[2]. La oferta tiene potencial para doblar los márgenes del contratista al mismo tiempo que incrementa enormemente las ventas.

Tengo algunas leves dudas. Sencillamente, no hemos intentado todavía hacer que la marca pague bonos por mejorar su rotación de inventarios, ni nada semejante. Así que sigo pensando en formas adicionales, que se apliquen en paralelo, de incrementar los márgenes de la compañía al mismo tiempo que sus ventas.

¿Cómo puede obtener mayores márgenes? No se me ocurre un modo adicional para obtener un mejor precio de los clientes de la compañía, es decir, de las compañías de marca. Entonces, ¿qué tal si...?

---

2. A primera vista, pensar en quince vueltas de rotación de existencias parece exageradamente optimista, pero en realidad es bastante modesto. Solo hay que considerar que, actualmente, justo después del inicio de una temporada una marca cuenta con el 60% de las mercancías (el 40% se envía casi de inmediato a los minoristas), y que esta cifra va declinando durante la temporada. Mientras que, usando nuestro método, la marca solo tendrá el 10% de las mercancías. Por eso podemos esperar que la rotación de existencias se quintuplique, además de que las ventas crecerán debido a la menor incidencia de faltantes de artículos de alto movimiento.

9

GANAR-GANAR

Dejo de leer el informe de papá porque mi mente va corriendo a mil por hora.

Antes de leerlo, estaba absolutamente segura de que los contratistas se opondrían a la exigencia de BigBrand de cambiar de la tradición de obtener órdenes grandes, con suficiente anticipación, al modo mucho más demandante de responder rápido a órdenes pequeñas.

Culpaba a la marca por exigir algo injusto. Estaba convencida de que esta demanda iba a ser mala para los contratistas. No me había tomado el tiempo para examinar cómo iba a afectar las operaciones de los contratistas, y no obstante, asumí que era malo. ¿Por qué salté a esa conclusión?

Supuse que sería malo, porque esta demanda surgía de un análisis egoísta, de un análisis orientado a incrementar los beneficios para BigBrand, que no consideraba las necesidades o intereses de los contratistas. En otras palabras, di por sentado que si una parte se concentra en sus propios beneficios (particularmente cuando esa parte es fuerte y dominante), el resultado va a ser negativo para los demás.

Lo que acababa de leer me despertó a la posibilidad de que esta noción preconcebida podría no ser correcta. No solo no es necesariamente malo el cambio para la otra parte, sino que podría ser bueno. Tan bueno que al hacer su propio análisis egoísta, puede ser que llegue básicamente al mismo cambio que le propondría BigBrand.

Ahora empiezo a percatarme de lo que papá quiere decir cuando sostiene que la armonía existe en cualquier relación. Ciertamente, no se engaña pensando que toda relación es armoniosa, pero sostiene que para cada relación hay un cambio que causará que las partes logren cada una lo que necesita de la relación.

Y cuando todas las partes desean el mismo cambio, "existe compatibilidad de opinión y acción". Existe la armonía por definición. Cuando papá dice que la armonía existe, quiere decir que es posible construir un cambio así, aunque no haya sido reconocido aún, y por lo tanto la relación actual diste mucho de ser armoniosa.

Por supuesto, si se tiene en cuenta la percepción actual del contratista de las marcas, considerando que un contratista solo espera recibir de la marca nuevas exigencias egoístas, la sugerencia de un cambio, incluso uno que sea bueno para ambas partes, tiene que ser presentada con cuidado.

Estoy tratando de visualizar la reacción del contratista si la marca primero reconoce sus necesidades y si reconoce que él mismo se beneficiará con un mayor ingreso. No veo cómo puede oponerse, y no creo que haya ningún contratista que se engañe pensando que la marca, de repente, se ha vuelto filantrópica.

Lo más probable es que el contratista esté esperando con suspicacia oír caer el otro zapato, es decir, las condiciones concomitantes.

Luego supongamos que la marca afirma que está dispuesta a pagar mayores precio si, y solo si, se instituye un cambio que le permita a la marca disfrutar de una rotación de inventarios considerablemente mayor. Yo creo que con una introducción como esa, el contratista estará abierto a examinar el cambio propuesto. Una vez que el contratista se percate de que sí se puede implementar ese cambio, que su costo no va a verse impactado adversamente, que la marca está dispuesta a implementar su lado del cambio, y el resultado probablemente incrementará el margen del contratista, y cuando todos estos puntos estén bien entendidos, la colaboración entre las partes será muy factible. Y aun cuando haga falta un suave, o no tan suave, empujón, si el contratista recibe precios mayores, con toda certeza su disponibilidad a seguir fortaleciendo la relación con la marca aumentará bastante.

Claro que muchos contratistas van a tratar de obtener un poco más, un mayor incremento de precio que el que la marca ofrezca inicialmente. Pero el cambio le trae beneficios tan enormes a la marca, que se puede dar el lujo de ser flexible.

La clave es: "Un cambio que conduzca a que cada una de las partes obtenga lo que necesita de la relación". Introducir tal cambio en una situación actualmente desordenada abrirá oportunidades emocionantes. Y una vez que las partes se percaten de que este cambio les permite a las dos lograr lo que desean, no será demasiado difícil de implementar. Si papá tiene razón y esos cambios pueden existir para cualquier relación, no solo es útil, sino que se convierte en la clave para tener una vida plena.

Papá sostiene que todo mundo, incluso yo, tiene suficiente intuición y capacidad cerebral. Para él es fácil decirlo.

Afirma que el verdadero problema no es la falta de intuición y capacidad cerebral, sino que las bloqueamos con nuestra tendencia a culpar a los demás.

¿No es eso lo que demostró en el informe? He aquí que yo le planteo el escenario más difícil que se me puede ocurrir, donde estoy convencida de que nadie va a poder encontrar ni el mínimo rastro de armonía, y ¿qué me obliga a ver? En ese escenario, mi problema no fue encontrar el cambio, el "magnífico" cambio ya me era conocido: pasar de la tradición de órdenes grandes basadas en un pronóstico, al modo de respuesta rápida fundamentada en el consumo real. Yo ya conocía el cambio deseado, pero jamás me pasó por la mente que iba a permitir a las dos partes conseguir lo que querían. Me estaba bloqueando el hecho de que, a priori, yo misma habría estado culpando a la compañía de marca por exigir un cambio injusto.

Comienzo a aceptar que papá está en lo cierto. Me ha cegado mi convicción de que las exigencias de una gran empresa para con sus proveedores deben ser malas para ellos, la actitud mental de echar culpas.

Papá está hablando de tres obstáculos diferentes. El primero es percibir que la realidad es compleja, y el segundo, aceptar los conflictos como inevitables. Estos dos obstáculos le impiden a la gente dar con el cambio que se necesita. Estoy a punto de aceptar que si admito que aun las situaciones aparentemente complejas se rigen por la lógica de sentido común de causa y efecto, entonces podré centrarme cada vez más rápido en el conflicto fundamental. Por lo menos, en los casos en que tenga suficiente intuición y conocimiento. También estoy lista para aceptar que una vez que el conflicto medular ha sido verbalizado claramente y no se ha tomado como algo dado, se puede identificar el supuesto que hay que eliminar. En otras palabras, existe una verdadera oportunidad para mí de encontrar el rumbo general de un cambio magnífico.

Ahora veo por qué papá insistía en que reconociera el tercer obstáculo: la tendencia a echar culpas. Mientras no supere esta tendencia, aunque el cambio se me presente en bandeja de oro, haré caso omiso de él. ¡Qué lección! Papá me dijo: "Querida, prepárate para una gran sorpresa", y vaya que estoy sorprendida. Me sorprende que mi tendencia a culpar a los demás sea tan fuerte y negativa.

Estoy tratando de entenderla mejor. Como ya concluí, en la base de nuestra tendencia a culpar a los demás está el modo común de tratar los conflictos, es decir, buscar tratos a medias, compromisos. Hacer una componenda es tratar de repartir un pastel limitado. ¿Cuándo nos parece aceptable un compromiso? Cuando la percepción es que el pastel no es muy importante o que no es demasiado pequeño para comenzar. Pero cuando el pastel nos parece pequeño, buscar un compromiso es una situación en la que mientras más ganas tú más pierdo yo; buscar un compromiso es, por definición, un enfoque de ganar-perder. Como seres humanos, siempre tenemos nuestro propio "ganar" en mente; estamos programados para complacer nuestros propios intereses.

Por lo tanto, cuando nos metemos en un conflicto, en una situación que se maneja como ganar-perder, tendemos a protegernos más que a ser generosos. Y cuando no quedamos satisfechos con el resultado final, naturalmente culpamos a la persona que nos empujó a esa situación insatisfactoria, culpamos a la otra parte. No me extraña que, como resultado de las experiencias de la vida, desarrollemos la tendencia a culpar al otro cuando nos topamos con situaciones conflictivas.

En lugar de eso, deberíamos adoptar la creencia en la simplicidad inherente. Nuestro enfoque de los conflictos debería basarse en tratar de eliminar un supuesto subyacente para que el conflicto se desvanezca. Eliminar el conflicto pavimenta el camino al encuentro del cambio deseado. Entonces estaremos enfocados en expandir el pastel existente en lugar de pelear por nuestra porción de un pastel demasiado limitado. Es lo que llamamos buscar una solución de ganar-ganar. Lo que papá realmente quiere decir con que "la armonía existe en cualquier relación interpersonal" es que siempre es posible una solución de ganar-ganar. Bueno. Ya me siento mucho más cómoda con esta terminología.

Esto arroja una nueva luz sobre la insistencia de papá acerca de que hay que aceptar que siempre existe armonía, que nuestro punto de partida debe ser que en toda relación hay un cambio que hará que cada una de las partes logre lo que desea obtener de la relación. No importa que exista o no en la realidad, lo que importa es que uno debe abordar una relación tensa con la determinación de que existe, en lugar de refugiarse en echarle la culpa a la otra persona. Si nos permitimos llegar a la etapa en que le estamos echando la culpa al otro, nuestras emociones nos empiezan a cegar. ¿Qué probabilidad tendremos entonces de dedicarle el tiempo y concentración que se necesitan para buscar en serio el cambio que promueva la armonía? Ninguna. Esto significa que, en situaciones que no pueden arribar a un compromiso aceptable, no tenemos nada que perder y sí muchísimo que ganar si adoptamos el consejo de papá.

El enfoque de mi padre no es filosófico. ¡Es pragmático!

Me siento mucho mejor.

La búsqueda de una solución de ganar-ganar requiere encontrar el supuesto que se pueda eliminar, pero esto a veces es bastante difícil. ¿Será posible que esta nueva comprensión que acabo de adquirir me dé un atajo?

Llegar a una solución de ganar-ganar hace que el pastel sea más grande. Cuanto más grande el pastel, mayor probabilidad de que nos toque una rebanada más grande. Así que si queremos una porción mayor, lo prudente al lidiar con un conflicto es asegurarnos de que todos los esfuerzos se concentren en hallar una solución de ganar-ganar.

Tomando en cuenta que inconscientemente siempre tratamos de proteger nuestro propio ganar, ¿no sería inteligente comenzar a construir conscientemente la solución de ganar-ganar, buscando el ganar de la otra parte? ¿No incrementaría eso la probabilidad de encontrar una solución?

Por desgracia, no funciona así. Por ejemplo, tomemos el caso del contratista, quien al comenzar el ganar de la otra parte (la compañía de marca) deberá aceptar precios más bajos de las marcas, lo cual es precisamente lo contrario de lo que desea. Buscar el ganar de la otra parte no elimina el conflicto, más bien conduce directamente a que nos atrape, y nos ponga en situación de perder.

Estoy decepcionada. Esperaba que siguiendo lógicamente la superioridad de las soluciones de ganar-ganar llegaría a un punto de partida correcto, pero aparentemente no es así.

Algo anda mal. Suspiro y leo el informe de papá, tratando de ver qué hizo.

Como pensé, papá en efecto comienza construyendo una solución de ganar-ganar buscando el ganar de la otra parte. Pero no el ganar que está en conflicto. Está buscando un ganar diferente, pero no menos importante. Por ejemplo, como punto de partida de su primer intento usa el hecho de que las marcas quieren que los contratistas les lleven los inventarios: "Lo que a las marcas les encanta, casi tanto como les gusta bajarles más aún el precio a los contratistas, es que el contratista sea el que les guarde la mercadería en sus propias instalaciones".

Y cuando se percata de que necesita una solución que le permita obtener mejores precios de las marcas, busca algo que las marcas quieran todavía más que una rebaja en el precio. Y encuentra ese ganar: una rotación de inventarios mucho mayor: "De hecho, sabedor de que todas las marcas actualmente están batallando para encontrar modos de incrementar sus vueltas de inventario, creo que estarán interesadas en una oferta así, al grado que el contratista podrá usarla efectivamente para incrementar sus márgenes".

Si queremos que nuestro ganar sea mayor, tendremos que asegurarnos de que el ganar de la otra parte también lo sea. ¿Es siempre posible encontrar un ganar para la otra parte que sea mayor que lo que la otra parte está buscando explícitamente?

Si hay un ganar más grande para la otra parte, ¿por qué no lo pide? Si es tan importante, ¿cómo no lo exige?

De repente, ¡se hace la luz! Ya lo hemos hablado. Dijimos que las personas y las compañías bajan sus expectativas cuando utilizan mecanismos protectores para camuflar los grandes problemas crónicos que las aquejan y que ya las han hecho darse por vencidas. Si una parte está usando esos mecanismos de protección (¿y quién no lo hace?), eso significa que está adormecida frente a sus mayores necesidades. No va a pedir explícitamente lo que realmente necesita, porque no cree que haya modo de conseguirlo.

Ahora entiendo por qué papá dijo que quienes no estén preparados estarán ciegos al caudal de oportunidades que la vida les presenta. No estamos en los zapatos de la otra parte, no padecemos sus mecanismos de protección. Si tan solo tratamos realmente de entender a la otra parte, estaremos en mejor posición que ella para reconocer cómo satisfacer sus necesidades más grandes. Nadie, ni siquiera papá, dijo que se pueda tener una relación armoniosa con alguien que no nos importa lo suficiente como para invertir tiempo y esfuerzo en conocerlo y entender sus verdaderas necesidades.

Es interesantísimo ver cómo todo encaja: la afirmación de que la armonía existe en cualquier relación interpersonal; el concepto de ganar-ganar; la recomendación de comenzar por buscar un ganar diferente y grande (o más grande) para la otra parte; y la habilidad para identificar las posibilidades de ganar más grandes que están detrás de los problemas ocultos. Todos estos conceptos ahora se complementan mutuamente, son parte del mismo todo panorámico.

Armonía: "cualidad de formar un todo agradable y uniforme". Creo que ahora entiendo lo que papá quiso decir cuando se refirió a que los científicos hablan con asombro sobre esa armonía.

Parece correcto.

¿Qué necesito ahora para aguzar mis habilidades y pensar con mayor claridad? Vuelvo a su informe para terminar de leerlo.

¿Me ayudará mi nuevo entendimiento a seguirlo más fácilmente?

10

NUNCA DIGAS "YA LO SÉ"
(Continuación)

¿Cómo pueden obtener mayores márgenes? No se me ocurría un modo adicional para sacarles un mejor precio a los clientes de la compañía de marca. Entonces, ¿qué tal si la salteo y les vendo directamente a los comercios?

Generalmente esto no le es factible al contratista, puesto que le exigiría armar un nuevo tipo de empresa. Una cosa es tener la habilidad para cortar y coser tela a fin de confeccionar ropa conforme a ciertos diseños dados, y otra totalmente diferente, contar con la capacidad para crear nuevas colecciones y hacerlo tres veces al año, siguiendo las modas cambiantes. Pero en este caso en particular, nuestra compañía ya tiene esta capacidad. Tiene sus propias colecciones y, en su país, estas compiten bien con las de las grandes marcas. De hecho, es la tercera en venta de prendas deportivas propias; incluso está delante de marcas mucho más grandes y conocidas. Si lo que queremos es incrementar su margen, solo tendremos que concentrarnos más en venderles directamente a las tiendas. Y como prácticamente han saturado a su pequeño país, puesto que tienen locales en todas las ciudades importantes, tendrán que abordar tiendas ubicadas en el extranjero. Considerando el incremento diferencial de las marcas, esto no solo incrementará las ganancias: las hará explotar.

¿No es obvio? Bueno, por amarga experiencia, he aprendido a tener mucho cuidado al responder esta pregunta. Por una parte, reconozco que todas las buenas soluciones tienen una cosa en común: son obvias, pero solo en retrospectiva. Siempre, una vez que finalmente verbalizo una buena solución a un problema mayor, me desencanto de mí mismo por haber desperdiciado tanto tiempo antes de llegar a lo evidente.

Pero por otro lado, he aprendido también no solo a admirar sino también a respetar la experiencia e intuición de las personas. Si la solución es correcta, si es realmente tan fácil, ¿por qué no se le ha ocurrido antes a nadie? Debe de haber algo que hizo descartar esta solución e impidió incluso considerarla. Así que, mientras no la reconozca y verifique, no sé si mi hallazgo es obvio o, simplemente, tonto.

¿Por qué esta compañía no había tratado de venderles directamente a tiendas fuera de su país? Seguramente solo es reconocida dentro de sus fronteras. Y los gerentes han aprendido que para construirse un nombre como marca se necesita tiempo, mucho tiempo. Y dinero, mucho dinero. Cuanto más grande el país, mayores las sumas de dinero requeridas. Posiblemente crearse un nombre en un país grande esté más allá de sus capacidades financieras y administrativas actuales.

¿Por qué es tan importante hacerse de un nombre? ¿Por qué están convencidos de que mientras la compañía no sea conocida en un cierto territorio no será económico tratar de persuadir a las tiendas de que ofrezcan su marca?

Ha de ser, probablemente, porque las tiendas saben que la mercadería que tiene un nombre prestigioso se vende, y son renuentes a arriesgarse comprando artículos menos difundidos. La resistencia de las tiendas es lógica, porque la restricción de la mayoría de ellas es el espacio de exhibición (y el efectivo). Comprar mercadería que podría no venderse bien es, de hecho, un desperdicio de la restricción (lo contrario de explotarla), y por lo tanto reduce en general las ventas de la tienda.

Partiendo de esto, podemos proceder de dos modos. Uno es sistemático, lógico y meticuloso. El otro es audaz, atrevido y no menos lógico. De hecho, hay muchas más formas de actuar, pero como no son lógicas, haré caso omiso de ellas.

¿Conocen el poema de Robert Frost llamado "The Road Not Taken" (El camino que no seguí)?

Dos caminos se separan en el bosque otoñal;
y lamento no poder seguir los dos.

Como soy uno y no dos, me paro un rato a mirar,
miro hasta donde me da la vista,
hasta la curva que se pierde tras la espesura del monte.

Examinemos primero, hasta donde podamos, el camino detallista. Es metódico, y también aburrido, así que por favor no se me duerman antes de que comencemos a recorrer el otro, que es mucho más emocionante.

Las tiendas podrían ser renuentes a llevar productos que no sean de marca, pero es un hecho que muchas ofrecen esa clase de artículos. Así que tal vez los gerentes de la empresa saben que es posible vender fuera de su país, pero no intentan hacerlo porque están convencidos de que los podría conducir a tener pérdidas en lugar de utilidades. Observemos cuidadosamente esta convicción, porque la alternativa es simplemente abandonar la idea de venderles directamente a los comercios minoristas.

Primero, deshagámonos de lo más banal. Si las tiendas se resisten a comprar mercancía que no es de marca conocida, la empresa podría reducirles el riesgo ofreciéndoles sus mercancías a consignación. Esta sugerencia es bastante inconveniente. Ofrecer la mercancía a consignación es muy peligroso para el proveedor, dado que hay una probabilidad muy alta de que le devuelvan casi todo al final de la temporada. También es malo para la tienda, porque a consignación o no, bloquear un anaquel con productos que no se mueven bien reduce sus ventas totales.

Las tiendas que sí llevan mercancía que no es de marca conocida están conscientes del riesgo que implica tener demasiados artículos de lento movimiento. Reducen el riesgo bajando significativamente el precio de esos bienes al consumidor final. Pero, al mismo tiempo, las tiendas también se aseguran de que sus márgenes sean adecuados, lo que significa que pagan precios mucho más bajos a los proveedores de productos de marca desconocida. ¿Cómo puede nuestra empresa entrar ahí y de todos modos generar buenas utilidades? Supongamos que las tiendas venden nuestras prendas por la mitad del precio de las de marca.

Eso significa que si la tienda mantiene la misma diferencia de ganancia sobre el precio, independientemente de que el artículo sea o no de marca, le pagará a nuestra compañía la mitad del precio que pagaría por una prenda equivalente de marca. La mitad sigue siendo mucho más que lo que las marcas le están pagando actualmente al contratista. Eso significa que conviene vender directamente al comercio, porque al hacerlo, la empresa ganará márgenes brutos varias veces mayores que los que obtiene actualmente al venderles a las marcas.

No nos apresuremos tanto en brincar a tal conclusión. Recordemos que los gerentes de una compañía tienen mucha experiencia e intuición. Por lo tanto, podemos suponer que son ciegos a lo obvio solo en los casos en los que claramente hayamos detectado un supuesto erróneo que les impida ver lo evidente. En nuestro caso, ¿identificamos tal supuesto bloqueador erróneo?

¡No!

Así que algo anda mal. Algo esencial que me pasé por alto al hacer el cálculo anterior.

Los márgenes esperados se basan en el supuesto de que el precio probable de venta a las tiendas *no* va a ser menor que la mitad del precio que las tiendas pagan por una prenda equivalente de marca.

¿Es sólido este supuesto crucial?

Como dijimos, cuando la compañía trata de vender en otros países, es una compañía carente de marca; no tiene una verdadera ventaja competitiva. ¿Existen otras empresas que no tienen marca que vendan en esos países? Muchas, y ninguna de ellas con una ventaja competitiva; esas son las condiciones ideales para que los compradores de las tiendas traten de bajar el precio lo más posible. Y vaya que son expertos exprimidores. En la realidad de una guerra de precios, ¿podemos asumir con seguridad que el precio de venta a las tiendas será tan alto como la mitad del precio de las marcas? Preguntémoslo de otra manera: ¿las fábricas sin marca están ganando fortunas? Para nada. Algunas sobreviven, otras luchan, algunas están quebrando, pero rara vez nos enteramos de alguna que esté haciendo mucho dinero a menos que logre armar algo específico que le dé una ventaja competitiva en un mercado de nichos. Un precio de la mitad del de las marcas suena demasiado optimista.

¿Qué hay tras la curva que se pierde en la espesura? La tendencia es todavía hacer algunos controles, incluyendo el del precio que las tiendas están pagando por mercancía de marca no reconocida y el costo de instalar una fuerza de ventas para distribuir a las tiendas. Se requerirá tiempo, esfuerzo y algo de inversión, pero hay una probabilidad de que como resultado de múltiples verificaciones se llegue a la conclusión de que es un camino viable. Tal vez.

Ahora sigamos el *otro camino*, el audaz y atrevido.

Como dijimos, la principal razón por la que las tiendas se resisten a comprarle a una compañía de marca desconocida es el riesgo de que la mercadería no se venda suficientemente bien. Podremos relajarnos por completo si encontramos un modo de reducir ese riesgo a un nivel que esté incluso por debajo del que las tiendas asumen cuando compran prendas de marca. ¿Atrevido? ¡Sin duda! Pero la verdadera pregunta es: ¿será posible?

Para responder, primero tenemos que evaluar el riesgo que las tiendas asumen cuando ponen en inventario una prenda de marca. Sabemos que es grande. Sabemos que aun cuando las prendas sean de marca, habrá muchas de movimiento relativamente lento. Algunas (alrededor del 30%) son tan lentas que la tienda las tiene que mantener en depósito durante unos meses y solo entonces las puede vender (con pérdida) en las liquidaciones de fin de temporada.

Al permitir que las tiendas compren sobre la base del consumo real en lugar de un pronóstico, además de ofrecerles que puedan devolver las de lento movimiento contra un reembolso completo de su dinero (y el mecanismo de "devuelva esto y llévese aquello otro en su lugar"), la empresa reduce el riesgo a un mínimo absoluto, al tiempo que mejora sustancialmente la explotación del espacio de exhibición en el comercio. Hagamos algunos cálculos para entender el impacto financiero de un servicio tan especial sobre la rentabilidad de la tienda.

Estimemos conservadoramente el incremento total en ventas (debido a menores faltantes y a un porcentaje mucho más alto de prendas de rápido movimiento) en solo 50%. Para la tienda esto representa un aumento en ventas no asociado con incremento alguno en gastos generales o costo de empleados. ¿Cuál es el impacto resultante sobre su rentabilidad? Aunque la mayoría de las tiendas le agregan una diferencia del 100%, no ganan más del 5% de utilidad neta sobre las ventas.

Para esos locales, un incremento en ventas del 50% significa que su utilidad sobre los productos de nuestra empresa se incrementará por lo menos por un factor de 5, versus los bienes comparables comprados a un fabricante convencional.

Puede suponerse entonces que cuando se hace una venta de la manera idónea a la tienda, explicando la lógica que claramente demuestra los beneficios para ella más que hablar de las prendas mismas, ya que la mayoría de las tiendas no están dedicadas a marcas específicas, aceptará la oferta. Una tienda probablemente comenzará con una colección para probar, pero a las pocas semanas la prueba se ampliará y se habrá generado un punto de venta feliz y leal.

¿Y qué decir de la inversión de nuestra compañía? Con una oferta así, la empresa deberá decidirse a concentrar sus esfuerzos de venta en un área densamente poblada que pueda ser atendida por un depósito regional. El monto de las ventas (las ventas potenciales son varias veces mayores que lo que puede proveer la capacidad de nuestra compañía) y las utilidades superarán con creces la inversión relativamente pequeña en inventario.

En general, parece que este enfoque es un ganador obvio. Pero nosotros no somos los primeros en buscar una solución para venderles productos de marca desconocida directamente a las tiendas. Muchos, que no son ni menos inteligentes ni menos meticulosos, lo han tratado de resolver. ¿A qué se debe que hayamos tenido éxito donde todos ellos fallaron?

Ellos trataron de encontrar el modo de reducir la brecha entre el riesgo que la tienda asume al comprar una marca desconocida, en comparación con los riesgos de comprar una marca de prestigio. Nosotros lo hemos abordado de manera diferente. Llevamos el desafío al nivel de lo imposible. En lugar de tratar de reducir la brecha, nos atrevimos a pensar en revertirla.

Dos caminos se separan en el bosque, y yo...
yo tomé el menos transitado.
¡Y eso hizo toda la diferencia!

11

¿CUÁNTAS OPORTUNIDADES HAY?

Esta vez fue más fácil seguir la lógica de mi papá. Para comenzar, sabía para dónde iba. Como era de esperarse, empezó a explorar en busca de un gran ganar para la otra parte, las tiendas, un ganar que es más que simplemente comprar a precios más bajos. Esa era la clave: identificar el ganar y luego averiguar el modo de satisfacerlo.

Para esta empresa, es posible añadir la venta directa a las tiendas a la provisión de las compañías de marca. ¿Hay más alternativas? Debe de haberlas, porque inició su informe diciendo que la repetición de su análisis había generado no una sino tres novedades al cuerpo de conocimiento. El informe detalla dos soluciones nuevas. ¿Dónde está la tercera?

Apuesto a que puso ese comentario para tener una plataforma ideal, cuando uno de sus colaboradores lo aborde con esta observación, para enseñarles cómo derivar la solución adicional. Conociendo a mi padre, sé que solo usaría una triquiñuela así si ya hubiera pavimentado el camino hacia la tercera solución mediante el proceso que usó para construir la segunda.

¿Podré hacerlo yo también? ¿Dónde comenzaría a buscar la tercera solución? Ya vislumbro la respuesta, pero me obligo a detenerme. No quiero ser experta en estrategia.

Debo concentrarme en conseguir que papá me dé la respuesta a una pregunta mucho más importante: ¿cómo aprende uno a pensar claramente de tal suerte que pueda estar mejor preparado para vivir una vida plena? ¿Habré destilado ya todo lo que se puede de este informe?

Mis ojos están clavados en el título, "Nunca digas 'Ya lo sé'". Eso no tiene mucho sentido. Supongamos que uno ha implementado una buena solución, y esta ha mejorado sustancialmente la situación. Creo que esa persona tiene derecho a anunciar con orgullo "¡Ya lo sé!". Papá es cuidadoso con las palabras. No usaría una tan fuerte como "nunca" si no lo pensara en serio.

"Nunca digas 'Ya lo sé'."¿Por qué recomienda esto? ¿Será porque piensa que la convicción de ya saberlo nos impide mejorar la situación aún más?

No puede ser. Todo el mundo sabe que siempre hay campo para mejorar. Sigo pensando. No daría esa advertencia en el título de un informe a menos que fuera verdaderamente importante.

Mejora. Si seguimos mejorando el sistema llegaremos a una etapa en que sea bastante bueno. Todavía podemos mejorarlo, pero ya no podemos esperar ganar tanto como ganamos al principio; la realidad de los rendimientos decrecientes empieza a manifestarse. Pero siempre que papá da un ejemplo de una mejora, es un avance mayor, una perspicacia fundamentalmente nueva que impulsa al tema entero hacia un nuevo nivel.

¿Habré tropezado con el cuarto obstáculo? ¿La impresión de que "ya lo sabemos" bloquea el uso de nuestra intuición y capacidad cerebral? Ciertamente, así parece. Una persona que está convencida de que el sistema está funcionando bien, de que ya sabe todo lo que hay que saber sobre él, de que lo único que queda por hacer es seguir puliendo, nunca se molestará en dedicarle tiempo y esfuerzo a la búsqueda de un avance que rompa con lo anterior. ¿Nos estará advirtiendo que nunca digamos "ya lo sé" porque piensa que no debemos conformarnos con los rendimientos decrecientes? ¿Que el siguiente gran avance nos espera siempre a la vuelta de la esquina?

Parece que me estoy adelantando demasiado. En lugar de ocupar mi mente en cómo mejorar una situación que ya de por sí es buena, ¿no debería concentrarme en cómo ser más eficiente en mejorar las situaciones más comunes, las que no están bien todavía? ¿No debería concentrarme en aprender cómo superar sistemáticamente los primeros tres obstáculos? ¿En aprender a generar oportunidades significativas y luego a convertir muchas de ellas en éxitos?

Tal vez sea algo más prudente, pero no puedo frenar mis pensamientos. Sigo cavilando sobre si no existirá siempre algún modo de elevar a una situación de un salto a un nivel nuevo, independientemente de lo bien que esta esté para comenzar. De haberlo, tendría ramificaciones de muy largo alcance. Siempre pensé que las mejores oportunidades se presentaban al superar un bloqueo, al percatarnos de cómo mejorar una situación mala.

Pero si todo, incluyendo las situaciones que ya están bien, puede mejorarse sustancialmente, ¿no implica que hay oportunidades alrededor de nosotros a cada momento?

Para poder vivir una vida plena, se necesita tener oportunidades idóneas. Suficientes de ellas. Hace un minuto yo estaba convencida de que las oportunidades buenas eran raras. Pero si mi interpretación de "Nunca digas 'ya lo sé'" es correcta, que cualquier situación puede mejorarse sustancialmente, entonces lo que papá en realidad está afirmando es que las oportunidades son abundantes y que están dondequiera que busquemos. Eso es demasiado bueno para ser cierto.

Estoy construyendo un castillo de arena sobre mi interpretación de una sola palabra. Antes de proseguir, tengo que verificar con papá si mi interpretación es correcta. Espero que eso signifique que me dará otro de sus informes.

12

PRODUCTOS DE CORTA VIDA*
¿Por qué cuando una industria ya está operando de acuerdo con una solución de TOC, todavía tenemos algo de importancia que ofrecer?

La semana pasada hice una visita de auditoría a una compañía relativamente grande que manufactura harina y maíz. Esta compañía vende estos ingredientes a granel a otros fabricantes, en paquetes de medio kilo a dos kilos y medio y, finalmente, su producto de mayor margen, que es el pan, se produce en ocho grandes panificadoras y representa el 30% de sus ventas totales. Incrementar las ventas de un importante producto de alto margen tiene mucho más efecto que incrementar las ventas de un producto de bajo margen. Por eso, cuando los conocí, hace unos dos años, mi inclinación fue enfocarme en el pan.

Puesto que el pan es un producto de consumo, la solución relevante de TOC es la *solución de distribución*, que se basa en incrementar la frecuencia de las órdenes y/o las entregas.

Estamos acostumbrados a ambientes en los que las frecuencias de entrega de una vez por semana, o incluso una vez al mes, son bastante comunes. Partiendo de nuestra experiencia con productos regulares, hemos aprendido que una frecuencia de entregas de una vez al día es suficiente para asegurar que no haya faltantes; incrementar la frecuencia a más de una vez al día no aumenta la disponibilidad ni las ventas. Pero el pan ya se entrega en cada tienda todas las mañanas. Considerando la actual frecuencia de las entregas de pan, ¿todavía tenemos algo de impor-

---

* Este informe fue escrito y entregado al Grupo Goldratt en marzo de 2007. Para introducirlo en la presente obra, se han modificado algunos aspectos con el fin de facilitar la comprensión a los lectores que no estén familiarizados con las operaciones del Grupo.

tancia que ofrecer? Antes de darnos por vencidos y restringir nuestra atención a los demás productos de la compañía, aquellos de más bajo margen con frecuencias convencionales de pedidos o entregas, quizá deberíamos continuar preguntando por qué se entrega diariamente el pan.

Porque el pan tiene una vida corta.

Lo que caracteriza a un producto de vida corta es que la frescura es un tema importante. Recuerdo que en mis días en el ejército, cuando le pedíamos al cocinero que nos diera pan fresco, contestaba: "¿Quieren pan horneado hoy? ¡Vengan mañana!". Sí, hay una enorme diferencia si el pan es de hoy o de ayer. También hay una diferencia entre pan caliente, horneado hace media hora, y otro horneado hace dos horas. Pero, ¿habrá una diferencia entre los panes horneados hace dos horas y hace ocho horas? En realidad, no. Por lo tanto, parece que, a menos que la compañía encuentre el modo de ofrecer pan directamente del horno, desde el punto de vista del consumidor la entrega una vez al día es la frecuencia correcta.

Antes de concluir que la entrega una vez al día es óptima para nuestra empresa, revisemos el impacto que un producto de corta vida en estantería tiene para un comerciante minorista. Supongamos que lo que no se vendió hoy no se puede vender mañana: siendo así, los sobrantes se convierten en obsolescencia. O supongamos un escenario menos extremo: lo que no se venda hoy, tiene menos probabilidades de venderse mañana, y mantenerlo un día adicional les causa una mala impresión a los clientes.

El pan que esta compañía produce se rebana y se envuelve en plástico; se estima que la vida del producto es de cuatro días. La fecha de caducidad se imprime, por ley, en forma visible en el envase. Puesto que la vida es de más de un día y ya que que los clientes son sensibles a las fechas de caducidad, el segundo escenario menos extremo es el que se aplica a esta situación.

Aunque el minorista quiera tener el producto disponible, debe considerar el efecto que las sobras (productos de más de un día de edad) tienen en las ventas. Cuando no se conoce con precisión la demanda diaria, puede esperarse que el comerciante tienda a ser conservador y, como resultado de ello, hacia el final del día el producto puede no estar ya disponible en la tienda. Por lo tanto, mover las entregas de una vez al día a una frecuencia más elevada podría producir como resultado un incremento en ventas.

¿De qué envergadura?

Bueno, esto depende de cuán conservador sea el comerciante. Sabiendo que uno no puede estar seguro de llegar a una tienda siempre hacia el final del día y encontrar una barra de pan de apariencia más o menos decente, estimé que aumentar las entregas a dos veces diarias podría producir como resultado un incremento en ventas nada despreciable. Como esperaba que los faltantes ocurrieran principalmente en la tarde y puesto que la mayor parte de la demanda es en la mañana, mis mejores esperanzas no rebasaron un incremento del 30% y no iba a sorprenderme mucho si fuera de menos del 10%.

Pero este cambio en la frecuencia de las entregas también tiene un efecto en el costo. El margen bruto de estos productos es de entre el 40 y el 50% de las ventas, y los costos de distribución representan solo unos cuantos puntos porcentuales (3 a 5). Por lo tanto, mientras el incremento en ventas sea superior al 10%, aun cuando la compañía tenga que duplicar su costo de distribución, de todos modos impactará positivamente en su utilidad neta[1].

En cuanto a producción, separar la entrega en dos veces al día tiene principalmente efectos positivos. Así que todo depende de cuánto se van a incrementar las ventas debido al cambio en el modo de operación a dos entregas diarias. Si es más del 10%, será bueno. Si se acerca al 30%, será muy bueno.

Seguramente se preguntan por qué sostengo que un aumento en ventas de cerca del 30% será muy bueno. Cuando hay un incremento del 30% en una línea de productos que solo representa el 30% del negocio y cuando el costo de materiales es la mitad del precio de venta, verán una suba en la utilidad de solo el 5% de las ventas (0,3 x 0,3 x 0,5 = 5%). Esta cifra está tan alejada de lo que se necesita para alcanzar un salto cuántico en desempeño, que debería considerarla tan solo como una distracción.

Un 30% de incremento es muy bueno porque la oración clave del análisis anterior es "Cuando no se conoce con precisión la demanda diaria, puede esperarse que el comerciante tienda a ser conservador". Para verificar esta afirmación hay que examinar las principales razones de las incertidumbres en la demanda diaria.

Cuando de un tipo particular de pan se están vendiendo cincuenta piezas diarias, se puede esperar que las ventas oscilen entre sesenta y

---

1. El pan es único en el sentido de que las tiendas exigen que esté disponible en la mañana. En consecuencia, las panificadoras están estratégicamente ubicadas por todo el país y todos los envíos se hacen dentro de un área que se abarca en unas pocas horas. La mayor parte del día, sus flotillas de transporte están ociosas. Es probable que una segunda entrega diaria no requiera aumentar la cantida de vehículos.

cuarenta piezas, pero exceptuando los días raros, no se esperarán ventas de solo veinte. En otras palabras, la variabilidad razonable en la demanda diaria del producto es de alrededor del 20%. Pero si examinamos un producto del que en promedio se están vendiendo solo 5 unidades diarias, la expectativa razonable es que podrían venderse solo una o dos en alguna ocasión. Es decir, la variabilidad es mucho mayor. Cuanto menor sea la cantidad de artículos vendidos por día, mayor será la incertidumbre en el pronóstico. Por lo tanto, es lógico que el comerciante sea mucho más conservador al ordenar los artículos de menor movimiento. También es razonable que cuanta menos experiencia tenga el comerciante con el producto, mayor sea su conservadurismo.

¿Cómo se relaciona lo anterior con la situación de nuestra compañía?

La de panificación es una de las pocas industrias en la que somos expertos. Todos sabemos que hay una gran diferencia de precio entre el pan común y los productos más elaborados, como pasteles o croissants. También sabemos que aunque el precio de estos últimos podría ser tres o cuatro veces superior al del pan común, es poco probable que los ingredientes sean más del doble de caros. El throughput (generación de dinero) de los productos más caros supera con creces el throughput del pan común. Usando estas estimaciones, si el throughput del pan común es 50% del precio de venta y es igual a dos unidades de dinero, el throughput del producto más elaborado probablemente será de ocho unidades de dinero. Pero la cantidad de unidades vendidas de cada uno de estos es mucho más pequeña que la de pan común. Más aún: cuando la compañía le ofrece un nuevo producto a la tienda, por definición, esta tiene menos experiencia con él. Por lo tanto, debe suponerse que la prudencia del minorista amortigua severamente tanto la disponibilidad de pasteles y galletas en sus anaqueles como la introducción de nuevos tipos de pan.

Si una segunda entrega en el día producirá como resultado un incremento en ventas de hasta el 30%, el hecho de que la compañía entregue dos veces al día es un modo muy efectivo de lidiar con el temor del comerciante. Significa que se abrirán de par en par las puertas para un enorme incremento en la venta de los panes más finos. Considerando el throughput atractivo de esos panes, la compañía podrá reducir más el temor del comerciante si le ofrece aceptar la devolución de los sobrantes y reintegrarle su dinero completo. Una pieza más de pan fino compensa la devolución de dos piezas.

Especulemos razonablemente sobre el impacto potencial siguiendo la cadena de lógica que hemos construido. Si el incremento en ventas del pan común es del 30%, debemos concluir que la segunda entrega efectivamente elimina la cautela del comerciante. Como la cantidad de piezas finas vendidas diariamente es mucho menor que las de pan común, el impacto actual de la precaución del comerciante en las ventas de las primeras es mucho mayor que en las de las últimas. Por lo tanto, la eliminación del factor prudencia causará un incremento mucho mayor en ventas de productos más elaborados, probablemente del doble del de pan común. Si a esto le agregamos la facilidad para introducir toda una gama de nuevos productos, el aumento resultante será incalculable. Ahora multiplicamos este incremento con el espectacularmente mejor throughput del pan fino. Ya no estamos hablando de un incremento en utilidades equivalente al 5% de las ventas actuales, sino de porcentajes mucho mayores.

Lo que quedaba por hacer era chequearlo, hacer un experimento con tiendas que representaran diferentes segmentos de mercado, desde los supermercados de las grandes ciudades hasta los pequeños almacenes de las áreas rurales. Pero, como en esta etapa el incremento esperado en utilidades del pan se basaba en especulación, no descuidé trabajar además con los productos de los molinos, como harinas envasadas.

Aquí estamos pisando sobre terreno más firme. Sabemos que nuestra solución de distribución: pasar de la frecuencia de entrega de una vez por semana (y en el caso de muchas tiendas, incluso una vez al mes) a una frecuencia de una vez al día, ciertamente incrementará las ventas al tiempo que reducirá sustancialmente los niveles de inventario que tienen los locales minoristas. Esto nos provee de una base firme para construir nuevas relaciones con los comerciantes, que nos permitan la expansión a muchas más tiendas. Aumentar las ventas de la compañía por tienda al tiempo que también incrementamos la cantidad de tiendas probablemente es suficiente para alcanzar la *visión viable*, es decir, el salto cuántico deseado en desempeño.

Por supuesto, dado que la infraestructura existente se basa en proveer según las órdenes de los comerciantes, el cambio a proveer sobre la base de las ventas reales al consumidor final requiere modificaciones mayores en muchas funciones. Tradicionalmente, se acostumbra producir sobre pedido y sumar a las órdenes de los comerciantes las órdenes internas para stock. Esta mentalidad de esforzarse por tener completamente activada la capacidad de las fábricas debe suplirse por el modo de operación mucho más demandante, que es producir para mantener la disponibilidad.

El área de distribución también tiene que pasar por un gran cambio: de la modalidad de *push-pull* (empujar-tirar) a la modalidad de reabastecer el consumo real; el producto de las fábricas en lugar de *pull*, y las mercaderías en las tiendas en lugar de *push*. No menos importante es que el área de distribución instale los sistemas idóneos para asegurar que el nivel meta de cada SKU se esté monitorizando constantemente.

El mayor cambio, claro, está en el área de ventas. No es una trivialidad pasar de estar constantemente presionando a cada tienda para que compre más, especialmente hacia el final del mes y más aún hacia el final de trimestre, a tener "asociaciones" conforme a las necesidades reales de las tiendas; esforzándose por incrementar el retorno sobre sus inventarios al acordar los niveles correctos de stock y luego simplemente reabastecer lo que se consuma en realidad.

En el año y pico transcurrido desde que se inició el proyecto, se ha estado implementando con éxito todo este trabajo de sentar las bases. La flexibilidad de las panificadoras mejoró tanto, que el ciclo de fabricar toda clase de productos se ha reducido de veinticuatro horas a unas ocho, y el volumen de producción se ha incrementado; significa que el tiempo de entrega desde que sale la primera pieza hasta que el camión, cargado con toda la variedad necesaria para dar servicio a las tiendas, sale del andén de carga, se ha reducido a un tercio. Esto coloca a las panificadoras en un excelente punto de partida para expandir notoriamente la cantidad de diferentes tipos de producto que puede proveer.

Los molinos demostraron que el cambio a producir para tener disponibilidad no solo es posible, sino que se logró, al tiempo que se incrementó su capacidad efectiva. Los sistemas computarizados de producción, tanto en las panificadoras como en los molinos, no solo están funcionando bien, sino que además han sido completamente adoptados por el personal de producción, lo que constituye un logro importante.

Todos los almacenes de distribución se reabastecen bien; el sistema está ronroneando. Los inventarios se han reducido, junto con una sustancial disminución en la cantidad de faltantes. Un pequeño parágrafo que describe un logro descomunal.

Pero lo más importante: ha sido lanzada la prueba del impacto en las ventas de las entregas más frecuentes. Los resultados de la prueba, efectuada en catorce tiendas representativas, han sido monitorizados durante los últimos cuatro meses.

Como se esperaba, para los productos de los molinos (pequeños paquetes de harina y fécula de maíz vendidos por menor), las ventas a las tiendas inicialmente bajaron, dado que había que agotar el exceso de stock. Como también se esperaba, las ventas luego comenzaron a elevarse. Lo que no se esperaba tanto era que se estabilizaran a un 90% por encima de las de los meses correspondientes del año anterior. Este alto nivel de ventas se ha sostenido desde hace tres meses. Permítanme explicar por qué este gran incremento es, de alguna manera, una sorpresa.

La solución de reabastecimiento tiene un impacto en las ventas a través de dos canales distintos. Uno es el canal directo. El reabastecimiento idóneo casi elimina los faltantes, y menos faltantes se traduce directamente en más ventas. El segundo canal de impacto, del que nos estamos percatando que es tan grande como el primero, se debe al hecho de que un reabastecimiento correcto reduce drásticamente los inventarios de productos de lento movimiento. Como resultado, las ventas se incrementan debido al hecho de que tener menos productos de lento movimiento libera espacio de exhibición y también libera la atención del personal de ventas para dedicarla a los productos de más rápido movimiento.

Cuanto más grande es la cantidad de SKUS que una tienda tiene, mayores son los dos efectos. Puesto que solo hay treinta SKUS de los productos de los molinos que se ofrecen, y que la tienda, en promedio, tiene menos de quince SKUS, este impresionante crecimiento de 90% es más de lo que yo esperaba, pero sigue estando dentro del rango que vemos en otros ambientes en los que hemos implementado el cambio a la solución de reabastecimiento.

Un incremento demostrado del 90% en ventas está asegurando que la oferta de reabastecimiento sea muy atractiva para cualquier tienda y que las consideraciones del costo de distribución (dado que son tan pequeñas en comparación con el throughput adicional) no estorbarán para llegar a una expansión considerable. Si el mismo nivel de incremento en ventas se mantiene cuando se proporciona este mejor servicio a gran escala (y en realidad no veo razón alguna para que no sea válido), la meta de la visión viable podrá lograrse mucho antes de la fecha límite, para la que todavía faltan dos años y medio.

Bueno, ¿y con el pan qué está pasando? ¿Cuáles son los resultados de esta prueba de campo sobre el impacto de incrementar las entregas a dos veces al día?

Mi verdadero deleite y asombro provienen de los resultados registrados en las mismas tiendas con respecto al pan. ¡Desde el primer día las ventas aumentaron más del 100%! El promedio exacto de las catorce tiendas en la prueba de cuatro meses fue de 118%.

Deleite y asombro. Primero déjenme extenderme sobre la parte de "deleite".

Un incremento tan enorme claramente indica que la segunda entrega diaria había desterrado el temor de los comerciantes. La puerta ha quedado abierta de par en par para productos con márgenes verdaderamente imponentes: los más elaborados. Si las cifras reportadas en la prueba son reales, es claro que en los dos años y medio que quedan va a ser "pan comido" superar el otrora objetivo ambicioso. Vale más que controlemos el deseo de difundirlo inmediatamente a los muchos miles de tiendas antes de saber con mayor precisión las causas y los efectos que gobiernan el incremento en las ventas. Ahora es el momento de ampliar la prueba a unos cien comercios; de introducir una variedad de productos finos, y de monitorizar cuáles parámetros tienen impacto y los incrementos en las ventas y en el throughput.

¿Por qué estoy "asombrado" por un incremento del 100% en las ventas de panes, especialmente a la luz del hecho de que ya he visto esos números (y también más altos) en mercaderías de otro tipo (como textiles, por ejemplo)?

Revisen la explicación dada de mi expectativa de que el máximo incremento iba a ser del 30%. ¿Encuentran algún error de lógica en esa predicción? ¿De dónde salió este aumento en ventas de más del 100%?

En todos los casos anteriores, cuando un mejor reabastecimiento condujo a un incremento en las ventas, asumí que este aumento se daba a costa de una reducción en las ventas de los competidores. Pero en el caso del pan, esta explicación no puede ser correcta. Nuestra compañía es grande, provee más o menos el 30% del pan que se vende en el país. No está presente en todas las tiendas, así que en las que está, representa alrededor del 50% del pan vendido en ellas. Si el incremento en ventas fuera principalmente a costa de los competidores, significaría que los competidores, para todo efecto práctico, serían eliminados. Pero eso no fue lo que sucedió, así que debe ser que el incremento en ventas tuvo otra causa.

En la mañana nuestra compañía no tiene una verdadera ventaja sobre sus competidores, pero en la tarde el caso es distinto. ¿Será que la disponibilidad mucho mejor en la tarde atrajo a clientes de otras tiendas? Si ese fuera el caso, habríamos visto una caída en las ventas de la compañía a otras tiendas cercanas, a las que todavía se les estaba entregando una vez al día. Pero tampoco sucedió eso, no de manera significativa.

Así que la única explicación que se me ocurre es que los clientes de las tiendas de la prueba están comprando más pan; probablemente, el doble.

Al principio me costó aceptar tal explicación, pero después de examinar el comportamiento de mi propia familia, comenzó a parecerme más factible. Por lo menos en mi casa, cuando alguien tiene la opción entre pan viejo o pan recién comprado, elegirá este último, aunque eso signifique que el viejo acabará, tarde o temprano, en la basura. Sumemos a esto el hecho de que cada vez más y más personas compran sus víveres después del trabajo, y ya no es sorpresa que una buena disponibilidad de pan fresco en la tarde puede conducir a un aumento tan grande en las compras de pan.

De hecho, después de discutirlo con varias personas, comencé a preguntarme por qué me había sido tan difícil aceptar que el aumento de ventas en las tiendas de prueba provenía principalmente de un incremento real en las compras, surgido de un crecimiento real en la demanda.

¿Será porque doy por sentado lo que aprendí en economía? ¿Será que lo acepto sin tratar de verificar si concuerda con mi experiencia?

En economía aprendí que existen la oferta y la demanda, que los precios son resultado del nivel de oferta en comparación con el nivel de demanda. Aprendí (y aquí el problema quizá está en mí y no en mis maestros) que la oferta y la demanda son variables independientes; que si una compañía incrementa sus ventas, es a costa de las ventas de sus competidores. Que el pastel es limitado. Que es un juego de suma cero.

Esto ciertamente ejerce un efecto en cómo analizamos en la actualidad el potencial de una compañía. Cuando ya tiene una participación de mercado del 60%, asumimos que una vez que la empresa logra construir una ventaja competitiva decisiva, el máximo incremento en ventas será el resto del mercado existente, es decir, el otro 40%. Siempre hemos asumido que si la compañía quiere un incremento mayor, tendrá que ampliarse hacia nuevos mercados u ofrecer nuevos productos en los mismos mercados. ¿Será posible que debamos pensar de otra manera, que contemplemos, por lo menos, la posibilidad de que la oferta que le da a la compañía una ventaja competitiva decisiva también incrementa el mercado existente, por lo menos en lo que a bienes de consumo se refiere? ¿Puedo aceptar que una mejor oferta (del mismo producto y mientras se mantiene o incluso se aumenta el precio) incrementa, y sustancialmente, a la demanda? ¿Puedo aceptar que la oferta y la demanda son variables fuertemente dependientes? Mmm...

13

EL CIELO NO ES EL LÍMITE

Fui a recoger a papá al aeropuerto, y vengo conduciendo yo.

–¿Leíste el informe que te envié hace unos días? –dice. Estaba esperando eso.

–Antes de que me preguntes qué deduzco de él –respondo–, déjame comentarte algo. En el informe es evidente que te sorprendió el incremento de ventas tanto de los productos finos como del pan; el aumento fue mucho mayor de lo que esperabas.

–Sí, lo fue. ¿Cuál es tu pregunta?

–Tú me enseñaste que las oportunidades más preciosas para profundizar nuestro conocimiento se dan cuando la realidad es significativamente diferente de nuestra expectativa. La mayoría de las personas aceptan encantadas los resultados superiores a sus expectativas y pasan a otra cosa. Pero sospecho que no es tu caso; quiero pensar que te tomaste el tiempo para investigar las razones de la discrepancia. De ser así, ¿encontraste algo interesante?

Aparentemente contento, me acaricia suavemente la mano.

–No solamente pedí más detalles, sino que me sentí tan incómodo con los números, que les pedí al presidente y al director general de Operaciones de la empresa que por favor le echaran un vistazo a cómo habían hecho la prueba y se reunieran conmigo en mi oficina de Holanda por tres días. Son excepcionalmente brillantes y prácticos, así que sabía que iba a ser positivo. Y, en efecto, avanzamos mucho en esos tres días.

Estoy satisfecha conmigo misma. Cuando terminé de leer su informe me decepcioné bastante. Ahora le estoy pidiendo a papá que me conteste algo muy importante: ¿puede cualquier situación, sin importar lo buena que sea al comienzo, mejorarse sustancialmente? Y como respuesta, me cuenta cómo una situación específica fue mejorada. ¿Debo deducir de ello que si una situación se puede mejorar, cualquier otra situación también puede mejorarse?

Más aún, no creo que la situación descrita en el informe haya sido muy buena al principio. El hecho de que aprovisionar todos los días sea la tradición en panadería no implica necesariamente que la situación ya fuera muy buena.

No es de extrañar que mi impresión inicial haya sido que papá no me había contestado la pregunta. Incluso llegué a sospechar que no había hecho un intento serio por entenderla. Con franqueza, me sentí un poco ofendida.

Lo bueno es que él había estado de viaje, y yo no puede salir corriendo a su casa para reclamarle. Me dio tiempo de dominar mi tendencia a culpar a otros, y en lugar de eso, examinar otras posibilidades que pudieran explicar por qué había recibido este informe como respuesta a mi pregunta. Después de plantear y descartar algunas otras posibilidades, noté que él había enfatizado que los resultados de la prueba no habían sido acordes con sus expectativas. Entonces quizá papá me envió este informe no como una respuesta, sino como una introducción a la respuesta. Tal vez estaba por enviarme el verdadero caso que me abriría los ojos. Esa era una posibilidad menos agraviante. Y, según parece, mi especulación era fundada.

–Estoy segura de que lo pasaste muy bien en Holanda con esos amigos –le digo alegremente–. ¿Me vas a contar qué avances lograste, o quieres que te lo ruegue de rodillas?

–Tú no quites los ojos de la carretera –se ríe–. No fue sorpresa que los porcentajes reportados en cuanto al incremento en ventas hubieran estado mal. Resulta que cuatro de las catorce tiendas que se incluyeron en la prueba eran clientes nuevos, con los que la compañía no había hecho negocios antes. Verás: al principio predijimos que un reabastecimiento más frecuente resultaría atractivo en la medida en que ayudara a convencer a más tiendas de que tuvieran los productos de la empresa. Esto es importante para ellos, así que naturalmente lo verificaron también. El problema fue que cuando compilaron los números, tomaron la cantidad total que habían vendido a las catorce tiendas y la compararon con la cantidad vendida un año atrás. Por supuesto, eso distorsionó las cifras.

–Pero es fácil de corregir –replico–. ¿Cuál fue el verdadero incremento?

–El verdadero incremento por tienda fue de más o menos 60%; lo cual va de acuerdo con lo que esperábamos para los productos elaborados. En cuanto al pan, solo puso de relieve que la prudencia de los dueños de las tiendas, es decir, su tendencia a asegurarse de no quedarse con piezas viejas, es más elevada de lo que yo había supuesto originalmente.

Empiezo a ponerme incómoda. ¿Eso es todo? ¿Esa es toda la historia? No puede ser, así que pregunto:

–¿Cuánto tiempo pudieron haber tardado en darse cuenta de que los nuevos números no cambian la historia? ¿Quince minutos? ¿Qué hicieron en el resto de los tres días?

–Obviamente repensamos la solución –sonríe.

–¿Por qué? Ahora todo encaja y los resultados están mejor que lo que necesitabas para asegurar un salto cuantitativo en el desempeño de la compañía. ¿Qué los llevó a repensar la solución?

Me doy cuenta de que tengo que bajar la velocidad, pues en cuanto lleguemos a casa se acaba la oportunidad de charlar con él. Competir contra sus nietos para que me preste atención será una batalla perdida.

–Tienes razón, ya que los resultados son más que satisfactorios; pero, querida, no todo cierra. –Respondiendo a mi expresión de asombro, continúa explicando: –Al principio, cuando hice el análisis, noté que la compañía asumía que las órdenes de las tiendas eran la mejor predicción de la demanda del día siguiente. Ese es el supuesto que escogí cuestionar. Especulé que la demanda es más alta que las órdenes, porque las órdenes están en función de lo conservador que sea el dueño de la tienda. Como pudiste ver en el informe, yo no tenía idea de la magnitud de sus temores, pero ahora estamos plantados sobre tierra más firme. Sabemos que estos temores están desempeñando un papel importante. Sabemos que son superiores a lo que me había permitido esperar. El incremento resultante no es del 10% ni del 30%, sino del 60%. Estos resultados resaltan también el hecho de que yo no había entendido completamente las *razones* de tales miedos.

"¡Ajá!" –pienso–. "Así que de ahí es de donde saca la energía para seguir buscando soluciones cada vez mejores... Trata de no pensar que ya lo sabe. Es tan cuidadoso, que está alerta a cada señal que le indique que no sabe." Eso me recuerda la conclusión a la que había llegado antes: pensar como un verdadero científico significa ser "humildemente seguro de sí". Humildad para tener la convicción de que no lo sabes; seguridad para tener la convicción de que puedes desarrollar el conocimiento.

–Como dijiste, papá, las oportunidades más preciosas para profundizar nuestro conocimiento se dan cuando la realidad es significativamente diferente de nuestras expectativas. Entonces, ¿cómo hiciste para entender mejor la actitud en las tiendas? Y por favor, trata de darme tantos detalles como puedas.

–Lo intentaré. El grado de prudencia está en función del daño que la tienda sufre cuando se queda con una pieza de pan viejo, en comparación con el beneficio de vender una pieza más. Al principio yo sabía que como la compañía también es proveedora de la harina, sus márgenes sobre el pan son relativamente grandes, de hecho se acercan al 50%. Pero no me molesté en revisar el margen de una tienda, simplemente asumí que era el regular de los supermercados, esto es, de 30 a 35%. Lo que aprendí en nuestra reunión de Holanda fue que, como el pan es un producto básico, el margen de la tienda es muy bajo, de alrededor del 15% del precio de venta.

–Pero eso significa –replico bastante sorprendida– que una pieza de pan que no se vende borra la utilidad de cinco panes vendidos. Con razón las tiendas son tan cautelosas.

–Tanto, que nos estuvimos preguntando si entregarles dos veces al día solo está reduciendo esta cautela, pero no eliminándola del todo. ¿Tú qué piensas?

–Si yo fuera el dueño –respondo–, me aseguraría de no quedarme con nada de pan viejo. Como la demanda fluctúa todo el tiempo, aun teniendo dos entregas al día, de todos modos voy a ordenar menos que el promedio esperado.

Suelta una bocanada de humo de su pipa por la ventanilla abierta y me mira: –Esa fue nuestra conclusión también. Así que las siguientes preguntas obvias fueron: ¿cómo podemos asegurarnos de haber borrado, en su totalidad, los temores de la tienda, de manera que la cantidad que le vendamos sea igual a la demanda real?, y ¿cómo podemos verificar haberlo logrado?

–Espérame, por favor –lo detengo para pensar.

Es difícil luchar por encontrar una respuesta a un problema cuando creemos que hay una alta probabilidad de que no exista; es muy tentador darse por vencido. Por eso papá recomienda comenzar con la convicción de que hay una mejor solución. En el caso que estamos examinando ahora, tengo ese marco de referencia mental: estoy convencida de que hay una solución porque sé que papá encontró una. ¿Es la convicción suficiente para encontrar la solución? No lo creo, pero esta es una excelente oportunidad para ponerlo a prueba.

–Déjame tratar de descubrirlo por mí misma –suplico, vacilando un poco–. ¿Qué se puede hacer para eliminar la prudencia de las tiendas?

No tengo ni la menor idea. Pero no estoy dispuesta a admitir mi derrota.

Él piensa en causas y efectos. Si queremos eliminar el efecto, debemos eliminar la causa. Si queremos borrar los temores de los comerciantes, debemos borrar su causa. ¿Cuál dijimos que era la causa de la cautela? Es el efecto desproporcionadamente negativo de una pieza de pan que se quede sin vender. ¿Qué se puede hacer para reducir el daño? No basta con eso. ¿Qué se puede hacer para eliminarlo? ¿Qué puede hacer la compañía para asegurar que la tienda no sufra nada si le queda un pan viejo?

La empresa puede aceptar la devolución y reembolsarles el dinero completo. Pero eso le pasaría el daño a la compañía. Sí, pero la compañía lo puede absorber más fácilmente, porque su margen por pieza es más alto. ¿Seguirá siendo una proposición buena? ¿Compensará el costo de la obsolescencia con el incremento de las ventas? No estoy segura.

Titubeando pregunto:

–¿Debe la compañía aceptar la devolución del pan de ayer por un reembolso completo?

–Eso es exactamente lo que contemplamos nosotros también –responde–. Por supuesto, desperdicié un buen rato en revisar los números para ver si redituaba, hasta que noté que eso no les molestaba en lo absoluto. Cuando les pregunté por qué lo aceptaban como una sugerencia obviamente buena, me recordaron que el pan se envuelve en plástico y que tiene una vida de cuatro días. No tienen problema con recibir la devolución del pan de ayer y vendérselo a sus clientes institucionales. No sufrirían pérdidas ni siquiera con el pan de la semana anterior, porque se lo pueden vender a una compañía galletera por un precio superior al de la harina.

–¡Divino! ¡Así que esa es la solución! –exclamo sintiéndome muy orgullosa.

–Efrat –me dice, exhalando otra gran bocanada de humo hacia la ventanilla–, no has terminado todavía. ¿Qué hay de la segunda pregunta? ¿Cómo podemos verificar que las órdenes no sigan siendo demasiado pocas? Recuerda, la inercia de las tiendas puede hacer que todavía ordenen menos que lo necesario.

Eso es fácil.

–Como los sobrantes no le crean un daño a la compañía, simplemente tienen que instituir un procedimiento mediante el cual, cuando su repartidor vea que no hay sobrantes de ayer, deje una mayor cantidad que la que dejó el día anterior. Si hay muchos sobrantes, deja un poco menos. Estoy segura de que con un poco de experiencia, la práctica se puede establecer rápidamente.

–Correcto –responde–, sigue.

–¿Sigue? ¿Qué más hay?

–Efrat, siempre que llegas una nueva solución tienes que revisar todas las ramificaciones; de lo contrario, podría escapársete algo importante.

Eso lo entiendo. Pero sigo sin saber qué debo hacer. Para asegurarme de tener tiempo suficiente, sigo una ruta más larga. No hay peligro de que se dé cuenta.

Se percata de que estoy atorada y trata de ayudarme:

–¿Tu sugerencia va a eliminar el miedo de las tiendas?

Lo pienso de nuevo, y le contesto con seguridad:

–Sí, lo hará.

Al advertir que la pista no me ha servido, continúa, sonriendo divertido:

115

–Si eso es así, ¿qué sentido tiene cambiar de una entrega diaria a dos? Con una es suficiente. Tendremos un incremento aún mayor que el que atestiguamos en la prueba, y sin pasar por el inconveniente de dos entregas diarias.

Eso no es lo que esperaba. Pero es tan obvio... ¿por qué estoy sorprendida? De alguna manera siento que es importante, de manera que sigo reflexionando.

Su solución original de reabastecer dos veces al día fue atrevida. La prueba verificó que funciona excelentemente, más allá de las mejores expectativas. Y ahora, sin pestañear, la arroja a la basura. ¿No tiene nada de inercia? ¿Y qué hay del hecho de que los inventores se enamoran de sus inventos?

¿Será algo particularmente único de la personalidad de papá, o lo que veo ahora es el verdadero significado de estar profundamente convencido de que no sabe, la apertura a repensarlo todo, incluyendo las propias soluciones buenas, partiendo de cero? Estoy segura de que para llegar a este nivel hay que practicar mucho tiempo.

Papá interrumpe mis pensamientos:

–Por supuesto, esto no consumió los tres días completos. Así que procedimos a construir una solución aún mejor. Estoy convencido de que lo que inventamos hará que todo lo que hemos dicho hasta ahora parezca insignificante, en términos del incremento de la utilidad neta de la compañía.

Esto era lo último que esperaba en esta etapa. Pero en retrospectiva, era el ejemplo decisivo que había estado pidiendo. La compañía está a punto de obtener utilidades récord, muy por encima de la norma de la industria. Definitivamente, es una situación muy buena. Si logra encontrar una solución más, una solución tan poderosa que haga que lo que ahora parece imposible parezca insignificante, entonces tendré que aceptar la posibilidad de que cualquier situación puede ser mejorada sustancialmente.

–Papá –comienzo–, cuando buscas mejorar una situación que no es buena, conozco tu punto de partida: comienzas con los efectos indeseables y vas profundizando hasta encontrar el conflicto medular. Pero, ¿qué haces cuando comienzas con una situación que ya es buena? ¿Solo le das rienda suelta a tu intuición?

–Hija, ya te he dicho muchas veces que no soy un genio. No cuento con la fenomenal intuición que se necesita para tal tarea.

–Entonces, ¿cómo hiciste para construir una solución aún mejor?

–De la manera difícil –se ríe–. Como tú misma señalas, una buena solución trabaja con el conflicto medular. Hace cambiar un supuesto subyacente y por lo tanto modifica la situación significativamente. Luego te enfrentas a una realidad muy diferente de aquella de la que habías partido. Puesto que la implementación de la solución aún no está completa, lo que hicimos fue transferirnos al futuro, a visualizar la situación que va a existir después de que la compañía haya institucionalizado todos los cambios requeridos. Esa es la parte más difícil. ¿Quieres intentarlo tú? Yo te ayudo.

–Estamos demasiado cerca de casa y yo tengo demasiada curiosidad –respondo–. Creo que simplemente me lo deberías explicar.

–Muy bien. En esta nueva situación, estaba buscando los efectos deseables, los puntos fuertes a favor de la compañía. Y hay muchos. La empresa, a través de sus propios almacenes de distribución y con sus propios camiones repartidores, dará servicio a casi todas las tiendas de productos de rápido movimiento de su extenso país, tanto en las ciudades como en las áreas rurales. Reabastecerá según el consumo. Lo que significa que podrán demostrar con cifras fehacientes que, con respecto a sus productos, sus clientes tendrán una rotación de existencias sin precedentes aunada a ventas excepcionales por unidad de espacio. Esto también significa que la fuerza de ventas de la compañía tendrá excelentes relaciones con los dueños de las tiendas. Sumado a eso, está el hecho de que el cambio de modo de operar para reabastecer según el consumo libera más de tres cuartas partes del espacio de los depósitos regionales. Ahora incluimos el hecho de que la mayor parte de su enorme flotilla, los camiones repartidores que distribuyen el pan, está ociosa durante horas, y ¿qué tenemos?: nos percatamos de que ahora podremos vender y distribuir fácilmente otros productos de movimiento rápido (PMR) adicionales. Es más, se podría hacer con la misma infraestructura, sin aumentar significativamente el gasto de operación.

–¿Así que les recomiendas que comiencen a fabricar productos adicionales?

–Para nada –contesta, notando que ya estamos entrando en nuestro barrio–. Eso requeriría grandes inversiones en tecnología y equipo, y tardaría mucho tiempo. Habrás notado que sus principales ventajas están en que son mejores para distribución y ventas. Concentrarse en esas ventajas conducirá a un modo mejor y más rápido de capitalizar su excelente situación. Muchas empresas de marca (y estoy hablando de muchos de los gigantes del mundo) no tienen presencia en ese país. Estas compañías ya tienen los mejores productos y, sobre todo, ya tienen el reconocimiento de marca. Con todo, para poder entrar directamente en el país de la compañía que nos ocupa, tendrían que hacer inversiones importantes en distribución y ventas, además de enfrentar el considerable riesgo que ello implica. ¿Te das cuenta de lo fácil que será construir una fantástica colaboración de ganar-ganar entre esas empresas de marca y nuestra compañía?

14

PENSAMIENTO CLARO
Y TAUTOLOGÍAS

Papá y yo estamos sentados en el patio trasero. Es invierno, pero tenemos una hermosa mañana que parece de primavera. Él tiene una taza de café y la pipa a su alcance. Yo estoy tendida en una silla de jardín con las manos vacías; a diferencia de él, yo no necesito cafeína ni nicotina para funcionar.

Hoy estoy decida a que me explique la esencia del pensamiento claro. He logrado sacarlo a rastras del estudio, lo cual es en sí todo un logro. He desconectado todos los teléfonos de la casa y hasta he apagado mi celular. Papá no tiene celular. Mi madre y su hermana se fueron al sur de Tel Aviv, y mis hijos están en la escuela. Cuento con tres horas libres de interrupciones. Con eso deberá bastar. Bueno, por lo menos para comenzar.

–Papá –lo abordo–, quiero decirte lo que acepto y lo que todavía me tiene inquieta. –Mira a la distancia como observando la danza de los rayos del sol entre las ramas, seguramente pensando en otra cosa. Está bien, no importa. Sabré captar su atención. Le voy a hablar de cosas que son el centro de su vida y yo soy su única hija.

–Estoy totalmente de acuerdo en que no quiero una vida fácil. Lo que quiero es una vida plena. También acepto el hecho de que para tener una vida plena, debo disponer de suficientes oportunidades y que necesito avanzar en algunas de estas oportunidades a un nivel en el que pueda sentir que he tenido logros significativos.

No reacciona, pero eso tampoco me hace mella.

–Al observarte y escucharte –sigo–, pienso que me he convencido de que en lugar de dejar las cosas al azar, a lo que algunos llaman "buena suerte", mis probabilidades de vivir una vida plena serán mucho mayores si aprendo a pensar con claridad. Podré generar, o por lo menos reconocer, las oportunidades correctas para mí, y estaré mejor equipada y tendré mayor vigor para persistir en el seguimiento de suficientes de ellas hasta que den fruto. –Todavía no da señales de interés. –Tú sostienes que las únicas cosas que me impiden pensar claramente son algunos obstáculos específicos.

–Obstáculos y falta de práctica. Mucha práctica.

Por fin, ¡una reacción! Me parece que conviene una pequeña provocación para dar vuelo a esta charla, así que con un tono un poco más fuerte digo:

–Ese es mi problema, exactamente. Dices que para pensar con claridad, para pensar como un verdadero científico, se necesita mucha práctica. Creo que estoy pensando constantemente, esté o no consciente de ello. Pero, por lo visto, eso no es lo que tú quieres decir con "práctica", así que por favor dime: ¿cómo se practica el pensamiento inteligente?

Con sorpresa en la voz, todavía mirando los puntos brillantes causados por el sol entre las hojas, responde:

–¿No es evidente cuando uno habla con sentido y cuando solo parlotea?

No voy a dejar que se escape.

–¿Me puedes dar una definición de la diferencia? –insisto.

Con indolencia contesta:

–La clave para pensar con claridad es evitar la lógica circular, es todo.

–Papá –pido con voz firme–, ¿podemos hablar de eso? Para mí es muy importante entenderlo bien.

Finalmente, me mira de frente. Después de un rato, murmura con suave voz:

–Lo siento, hija. –Enciende la pipa, pensando mientras va formando nubes de humo, y después de unos instantes comienza a hablar. –Como hemos dicho, todo está conectado mediante relaciones de causa y efecto, y en el fondo solo hay unos cuantos elementos. Entonces, la clave para pensar con claridad es construir mapas de lógica. Comienzas con un efecto, cualquier efecto, y vas profundizando hasta las causas raíz, con la pregunta: "¿Por qué existe este efecto?". La dificultad es que cuando nos lanzamos a fondo, tarde o temprano llegamos a causas que son entidades cuya existencia no puede ser verificada directamente a través de los sentidos, es decir, llegamos a entidades abstractas.

–Aclara, por favor –digo, tratando de bajarle la velocidad.

Me sonríe y continúa más lentamente.

–En las ciencias exactas, cuando nos preguntamos el porqué de cada cosa, después de algunos intentos llegamos a lugares en los cuales ya no podemos usar los sentidos y tenemos que comenzar a utilizar entidades abstractas.

–¿Entidades abstractas?

–Entidades como los átomos o las enzimas. ¿Alguien ha visto un átomo o una enzima? ¿Alguien ha hablado con uno, o lo ha tocado? Es probable que existan, pero lo sabemos por la lógica y no mediante la información directa de nuestros sentidos.

Nunca lo había pensado así, pero es obviamente correcto. Con gusto le contesto:

–Qué bueno que elegí ciencias sociales, para no tener que lidiar con esas especulaciones intangibles. En la escuela secundaria, los átomos me hacían sentir incómoda, y además de eso la profesora de ciencias empezó a hablar de cosas todavía más abstractas, como protones y neutrones. Ahora sé que están hablando de partículas elementales y quarks. Creo que estoy mejor lidiando con cosas tangibles como la gente.

Sonríe. –Hija, me temo que si te hacen sentir incómoda las entidades abstractas, escogiste una profesión equivocada. Al trabajar con la gente, con frecuencia desde el primer intento por indagar una causa, nos topamos con esas entidades abstractas. –Sin esperar mi respuesta, continúa: –Por ejemplo, toma el último caso que estábamos revisando. ¿Viste o tocaste la cautela de los comerciantes? Llegamos a percatarnos de que existe, no porque lo atestiguáramos directamente mediante los sentidos, sino porque dedujimos su existencia mediante la lógica.

Pensándolo bien, casi todo lo que la psicología trabaja, como el amor y el odio, la motivación o la inteligencia, son cosas cuya existencia deducimos mediante la lógica. Para papá, esos elementos deben de ser tan intangibles como los átomos o los quarks.

–¿Qué tienen que ver las "entidades abstractas" con el pensamiento? –pregunto.

–Es importante tener cuidado, porque es muy fácil acabar en la tierra de "Nunca Jamás" al lidiar con entidades que no pueden ser verificadas mediante la observación directa. Es fácil caer presa de la lógica circular; de las tautologías. Y entonces, el camino a los disparates sofisticados se abre de par en par. Efrat, ¿sabes lo que son las tautologías?

–Puedo recitar el ejemplo que me diste de los planetas moviéndose en círculos, pero francamente, necesito entender mejor el concepto para relacionarlo con la vida real.

–Estamos rodeados de tautologías –afirma–, a grado tal que somos insensibles a ellas. Aparecen en casi todas las conversaciones y en casi todos los artículos de los periódicos. Toma por ejemplo una oración como: "Perdieron el partido porque les faltó motivación para ganar". Y en el resto del reportaje no hay ni el más pequeño jirón de evidencia directa de que el equipo estuviera desmotivado. Ahora pregúntate: "¿Por qué lo aceptamos? ¿Cómo sabemos que al equipo le faltó motivación?". Y la respuesta más probable es: "Porque perdieron el partido". Una tautología.

Sonrío, pero tengo que protestar:

–No creo que yo utilice esos argumentos disparatados con frecuencia. Por lo menos, no cuando se trata de algo serio.

–¿Ah, no? –Y sonriendo de oreja a oreja, levanta los ojos hacia las copas de los árboles y dice: –No hace mucho tiempo, una psicóloga que conozco me dijo: "Tú no te sientes decepcionado porque reprimes la decepción". No me molesté en preguntar: "¿Cómo sabes que reprimo mi decepción?", porque la respuesta habría sido: "¿Acaso no es obvio? Sé que reprimes tu decepción porque no te sientes decepcionado". –Después de ese golpe bajo, continúa: –Un argumento circular. La lógica circular es el punto sin retorno para pensar con claridad. Con una vez que la uses, quedas bloqueada de profundizar hasta la causa raíz, y en lugar de eso, construyes castillos de arena. El problema es que la lógica circular suena bien, y cuando no podemos verificarla directamente, tendemos a aceptarla como algo dado. Efrat, solo recuerda lo convencida que estabas de que yo efectivamente reprimo mis sentimientos, cuando no tenías ninguna evidencia para sustentarlo.

Lo pienso. Finalmente pregunto:

–Entonces, ¿cómo puede evitarse la lógica circular?

–Primero, déjame ampliar tu base de entendimiento.

–Excelente idea –lo animo. En mi carrera no era requisito que hiciéramos un curso de lógica. ¿Por qué papá supone que conozco los fundamentos? Probablemente, porque considera que la lógica es una habilidad básica de una persona inteligente, tan básica como la habilidad para expresarse con claridad. Viéndolo desde este ángulo, puede que tenga razón. Me obligo a dejar de pensar en ello y a concentrarme en lo que está diciendo.

Ya está hablando a toda velocidad:

–Permítame enfatizar que la lógica circular no implica que la causa dada para un efecto esté mal, solo que, a diferencia de la primera impresión, a la causalidad le falta sustancia. –Al notar que no me queda claro, se apresura a darme un ejemplo. –Las ventas de nuestros productos están declinando porque están cambiando los gustos del mercado. Si lo dejo tal cual, esta afirmación es otro excelente ejemplo de una tautología.

–Sí, lo es. Y conforme me voy sensibilizando a las tautologías, debo decir que no son convincentes. A mí se me pueden ocurrir muchos otros porqués además de "los gustos del mercado están cambiando". Podría ser que las ventas están declinando porque hay una desaceleración en la economía, o porque han surgido nuevos competidores, o porque nuestro servicio se ha deteriorado, o porque subimos los precios. Hay muchas causas factibles, y con la información que se nos ha dado, no hay razón alguna para preferir una explicación sobre las otras.

–Ahora estás pensando –parece satisfecho–. Supón que te digo que verifiqué la existencia de otro efecto: las ventas de productos alternativos se han incrementado en más o menos la misma cantidad. ¿Qué piensas ahora de la validez de la afirmación de que la causa de ambos efectos es que los gustos del mercado están cambiando?

Es poco probable que el incremento en los productos alternativos y la declinación comparable en nuestros productos sea solo una coincidencia. Levantando la voz, digo:

–Ahora un cambio en los gustos del mercado es la única explicación factible que se me ocurre. Sigo sin saber cuál es la causa de la causa, no sé por qué cambió el gusto del mercado. Podría ser que lo hubiéramos causado nosotros bajando nuestro nivel de servicio o aumentando nuestros precios. Podría no estar conectado con nada que hayamos hecho, sino con fuerzas externas. Para descifrar eso, se necesita más información. Pero acepto que nuestra declinación en ventas se debe a un cambio en el gusto del mercado. Eso es sentido común. Pero, papá, te sacaste el segundo efecto de la manga como por arte de magia. ¿Yo cómo lo voy a hacer?

–Llegaremos a eso una vez que comprendas mejor los fundamentos –me asegura–. Así que ahora nos percatamos de que siempre que uno usa la lógica circular, la causalidad carece de sustancia, y para que tengan sentido, sentido común, las cosas tienen que tener sustancia. Para sustanciar una causa, como mínimo, se necesita otro efecto resultante, un efecto que se verifique mediante la observación directa. Más aún: una vez que la causa ha sido sustanciada, ya no estás en un callejón sin salida, sino que tu mente entra en una vertiginosa carrera por encontrar la causa más profunda. Te arrojas en busca de la causa raíz.

Con eso estoy de acuerdo.

–Ahora estamos listos para atender tu preocupación de que podrías tener dificultades para plantear un segundo efecto resultante. Primero, déjame reconocer que tienes razones para esa preocupación, porque encontrar un segundo efecto resultante requiere pensar fuera del cajón en que nos metemos para concentrarnos en el efecto original y su presunta causa. Tomando el último ejemplo, para plantear el segundo efecto hay que ampliar el alcance desde estar analizando solo nuestros productos, para abarcar también a los productos alternativos que podrían ser muy diferentes de los nuestros.

Trato de digerirlo.

–La dificultad estriba en que si no estoy segura, verdaderamente segura, de que existe un segundo efecto, me podría quedar "dentro del cajón". Siempre es más cómodo quedarse dentro de ciertos límites que dar un salto hacia lo desconocido. Y como el otro efecto no está dentro del cajón, no lo voy a encontrar. Abandono la búsqueda y me quedo atorada en una tautología.

–Correcto. –Papá está satisfecho. –Tu última observación resalta por qué la simplicidad inherente es tan útil. La simplicidad inherente reconoce que a medida que profundizamos, las causas convergen. La convergencia se traduce en que cada causa significativa es responsable de más de un efecto. Creer en la simplicidad inherente nos asegura que en cualquier causa significativa hay por lo menos dos efectos diferentes.

–Ya veo.

Continúa:

–Y también tienes razón en señalar que normalmente no sabemos dónde buscar una vez que estamos fuera del cajón. El hecho de que necesitáramos a una persona del calibre de Newton para abrirnos los ojos a la convergencia indica que, en muchos casos, mientras no reconozcamos la causa común, nos parecerá que los efectos pertenecen a diferentes situaciones o tiempos. La creencia en la simplicidad inherente nos da la seguridad de que por lo menos un efecto más existe; solo tenemos que ampliar el ámbito en el que estamos buscando para poder encontrarlo. La mayoría de las personas tienen suficiente intuición y junto con esta seguridad, después de algo de práctica, son capaces de plantear fácilmente efectos adicionales para verificar o refutar una causa propuesta. La simplicidad inherente abre las puertas a la verificación de las entidades abstractas.

Aunque aprecio la intuición, creo que papá espera demasiado. La gota que rebalsa el vaso es la palabra "fácilmente". Pero con respecto a la profunda creencia de papá en que toda persona tiene una poderosa intuición, sé que expresar abiertamente mi incredulidad al respecto lo va a irritar. Con suave voz le digo:

–Ya que has abierto la puerta, ¿entras conmigo del brazo? ¿Me puedes citar casos reales donde usaste esto?

–No hay problema, lo he usado en todos los casos en los que estoy pensando. Pero, ¿qué te parece si primero te lo sintetizo? –pregunta.

Eso era exactamente lo que necesitaba.

–Claro, por favor, hazlo.

–Me preguntaste cómo se practica el pensamiento claro. He aquí la respuesta. Efrat, para practicar no escoges un tema y te das el tiempo para hacer un análisis completo. Ese no es el método correcto. Debes aprovechar todas las oportunidades para tratar de descifrar las causas y los efectos. Puede ser una conversación informal con un extraño, un comentario de tu marido, o algo que estás leyendo. Dijiste que estás pensando constantemente, y tienes razón, pero eso implica que debes tratar de pensar con claridad constantemente.

–Tiene sentido –apruebo.

–Así que siempre que escuches o leas un "porque" y especialmente cuando la causa contenga una entidad abstracta, ponte en guardia. Aun cuando la afirmación sea expresada con absoluta seguridad, no debes aceptarla como correcta. Ni siquiera aceptes a la entidad abstracta misma como un hecho de la vida. Debes reconocerlo como solo una hipótesis, o en otras palabras, una conjetura o algo adivinado. Ahora, procede a tratar de encontrar un efecto predicho, con otro efecto que deba ser resultado de la misma causa. Acuérdate, si no lo puedes descifrar, si no puedes encontrar otro efecto, no es porque no lo haya, sino porque tú estás pensando de manera demasiado estrecha. Y para mantenerte en el rumbo, consigue que el efecto predicho que propongas se pueda verificar mediante la observación directa y tómate el tiempo para hacerlo. Cuantos más efectos previstos se verifiquen, mayor será la validez de la causa. Mientras más practiques, más fácil se hará. –Sonriendo añade: –Cuando lo practiques al grado de que te sea natural, la gente podría empezar a llamarte genio *a ti* también.

–No te preocupes –respondo–. Entre mi trabajo, la casa y los niños, nunca lograré practicar lo suficiente, porque nunca tendré tiempo para probar los efectos previstos.

–¡Epa! –responde–. Me temo que te di una impresión equivocada. En la gran mayoría de los casos, no se requiere más de un segundo o dos.

–¿De veras? –Me sorprende agradablemente. Sonrío.

–Nos exige verificar la existencia de los efectos previstos, pero eso no necesariamente significa que siempre tendremos que mostrar pruebas. La mayoría de las veces, ya conocemos la existencia del efecto previsto.

Lejos de estar convencida, le digo: –Me vendría bien un ejemplo.

–Solo inténtalo. Ya el primer caso, o como máximo el segundo, te mostrará que tengo razón.

Lo miro en silencio.

Suspira. –Está bien, si insistes. –Aspira su pipa y continúa: –Podemos evitar desperdiciar el tiempo tomando un ejemplo que también resalte el grado al cual no usamos nuestro cerebro y en lugar de eso aceptamos tautologías idiotas simplemente porque todo el mundo cree en ellas. Es más, me ayudará a demostrar hasta qué grado saltamos descuidadamente a conclusiones con respecto al comportamiento de las personas. –Me guiña un ojo. –¿Has oído la expresión "La gente se resiste al cambio y cuanto más grande el cambio, mayor la resistencia"?

Sonriendo, le contesto:

–Si me dieran una moneda de cinco centavos por cada vez que la he oído, ya sería millonaria. Bueno, ¿qué hay con eso?

–Ponla dentro del contexto en que normalmente se dice y verás que puedes oler el repugnante hedor de una tautología.

Con una voz profunda y pomposa digo:

–Estamos batallando para implementar XYZ porque la gente se resiste al cambio.

Sonríe. –Muy buena imitación. Lo dices con la misma firmeza y autoridad que un consultor o un gerente. Pero esta afirmación incluye la palabra "porque", y la causa contiene una entidad abstracta. Eso quiere decir que no la debe uno aceptar a pie juntillas sin pensar. Anda, veamos cómo piensas.

Todavía no soy muy ágil para plantear efectos previstos, así que avanzo con cautela. –¿Qué queremos decir con "la gente se resiste al cambio"? Como este enunciado no contiene calificativo alguno, de hecho afirma que la gente se resiste a casi cualquier cambio en casi cualquier circunstancia. Si eso es verdad, la gente ciertamente evitará iniciar y buscar cambios que les transformen su estilo de vida, o sea, un efecto previsto.

–Bien –me anima–. Ahora sé más específica. ¿Cuáles son los cambios más grandes en la vida de una persona? Digo, aparte de nacer y morir.

Es fácil proseguir:

–Mucha gente ve con gran entusiasmo el futuro, con ganas de casarse o de tener un bebé. Cambios que, por experiencia propia, sé que alteran casi todos los aspectos de la vida. Es cierto que nadie se lanza hacia esos cambios sin algo de dudas, pero a juzgar por el comportamiento y actitud de muchas de mis amistades, definitivamente no se puede describir como resistencia al cambio. Más bien, todo lo contrario.

Estoy pensando en cuándo se resiste la gente al cambio, tratando de formular las cualidades necesarias, cuando papá dice: –Efrat, puedo oír los engranajes de tu cerebro girando a toda velocidad. Frena. La primera razón por la que planteé el tema de la resistencia al cambio fue activar tu habilidad de responder tu propia pregunta, en cuanto a

dónde ibas a sacar el tiempo para verificar los efectos predichos. Por favor, concéntrate en eso y trata de verbalizar
tus conclusiones. Comienza con algo como: "Tienes razón, papá". En muchos casos, los efectos previstos no re-
quieren que dediquemos demasiado tiempo a probarlos,
porque nuestra experiencia general nos permite ya saber
si existen o no.

No le voy a dar ese gusto. En lugar de eso respondo dulcemente:

–Te olvidaste de mencionar que el proceso de encontrar un cambio previsto te puede conducir a invalidar la hipótesis. De hecho, te puede conducir a percatarte de que
la hipótesis estaba vergonzosamente mal o, por lo menos,
era imprecisa.

–Correcto –confirma–. Esa es la base de la ciencia como la formuló Karl Popper. En las ciencias, toda afirmación, toda hipótesis, toda causa, se considera relevante solo si se puede demostrar a través de una prueba que
potencialmente sea capaz de destruirla. De lo contrario, no
estamos hablando de ciencias, sino de seudociencias, de bru-
jería. Y sí, hija, con gran frecuencia, una vez que deducimos
un efecto predicho, nos percatamos de que no existe en la
realidad y que por lo tanto la hipótesis está equivocada. Puedes plantear diez efectos que resulta que existen, y luego
lo piensas otro poquito y encuentras un número once que
no existe, y ese solo efecto inexistente es suficiente para hacer añicos la causa propuesta. Cuantos más efectos se verifiquen, mayor es la validez de la causa, pero siempre existe la posibilidad de que el mañana nos traiga un efecto más
y que ese resulte inexistente. Nunca podemos estar seguros de que algo es absolutamente verdadero.

Creo que ya lo entiendo. –Has demostrado tu punto –le
aseguro.

–Todavía no, mi amor. Lejos de eso. Hay otra razón
que quiero que aprendas del último ejemplo. Quiero que

te percates de lo descuidados que somos con respecto a atribuirles intenciones y características denigrantes a las personas.

¿De dónde saca eso?

Respondiendo a mi expresión de sorpresa, pregunta: –¿Qué implica realmente una afirmación como "la gente se resiste al cambio"? ¿Sugiere cosas buenas acerca de su personalidad? ¿No te percatas de que de hecho sostiene que la gente está programada para resistirse, independientemente del contenido del cambio propuesto? Esa frase, en el mejor de los casos, no le da mucho crédito al buen juicio de las personas. Es injuriosa. –Su voz se levanta y empieza a sonar como un trueno: –¡Y esta afirmación la acepta casi todo el mundo! ¡Aunque no se necesiten más que unos segundos para examinar la evidencia que nos rodea! Una evidencia que lleva a la conclusión de que la frase, en el mejor de los casos, ¡es inexacta! ¿Qué te parece?

–Solo que la gente busca proteger sus intereses y que es muy buena para hacerlo.

–Me refiero a ¿qué piensas de nuestra cultura? Una cultura que no duda en asumir cosas degradantes sobre la gente. Que, de hecho, lo fomenta.

Hago una mueca.

Aparentemente, mi respuesta no lo satisface. –Nunca pienses que no estamos influidos por ella, pues somos parte integral de esa cultura. Vale más que reconozcamos que en las situaciones que implican personas, cuando tenemos la intención de buscar una causa, hay una alta probabilidad de que surja una hipótesis denigrante sobre la gente. Y nuestra intuición hará surgir en nuestra mente solo efectos predichos que validen la falsa hipótesis, al tiempo que filtra y deja fuera todos los demás efectos predichos que la invalidan. Si no tienes cuidado de guardarte contra esta tendencia, tus probabilidades de hacer un análisis significativo se vuelven mínimas.

–Papá, creo que veo a la gente como es y soy muy cuidadosa de no plantear, ni siquiera en mi mente, acusaciones denigrantes. Créeme.

No está satisfecho con mi comentario. Se pone de pie y empieza a caminar de un lado a otro, soltando grandes bocanadas de humo, como una vieja locomotora. No me muevo. Finalmente, se detiene y dice: –Efrat, ¿estarás, por lo menos, dispuesta a ponerte a prueba? ¿Quieres?

–¿Qué clase de prueba?

–Hubo un caso que me intrigó durante mucho tiempo: un grupo de personas se comportaba de un modo que yo no podía entender. ¿Te molestaría leer ese caso y hacer lo mejor posible por presentar las causas que puedan explicar esa extraña conducta?

–¿Eso es todo? Encantada de la vida, lo hago.

Se pone de pie. –Déjame, entonces, ir a enviarte el informe por mail.

15

ZONAS DE COMODIDAD*

¿Alguna vez has separado a la gente en personas de mente abierta y personas conservadoras? ¿En personas muy dinámicas y personas que tienden a postergar? Después de treinta años de tratar de inducir a las organizaciones para que cambien, dichas categorías están tan arraigadas en mi pensamiento que tienen una gran influencia sobre mis actos. Tiendo a decidir muy desde el principio si me gustará o no trabajar con una compañía, basado en el encuadre que usé para encasillar a su alta gerencia. Esta visita de auditoría me obligó a percatarme de que la clasificación podría conducir a graves errores. Permítanme describir lo que me llevó a esta conclusión tan radical.

La empresa fabrica productos de consumo de rápido movimiento (PCRM) en la India. (La pasta dental es un producto de consumo de rápido movimiento, pero un cepillo de dientes eléctrico no lo es.) Estoy especificando el país porque la mayoría de las personas que no han hecho negocios en la India (como yo mismo hasta hace tres años) no entienden la escala del tamaño de este país. Creo que bastará con resaltar que allí hay 6 millones y medio de tiendas de PCRM. No, no se trata de un error tipográfico, sino de una cifra real. Nuestra compañía es un jugador mediano, tiene alrededor del 10% del mercado. Con todo, dada su vastedad, eso sig-

* Este informe fue escrito y entregado al Grupo Goldratt en febrero de 2007. Para la presente obra, se han modificado algunos aspectos con el fin de facilitar su comprensión a los lectores no familiarizados con la Teoría de las restricciones.

nifica que vende sus productos a través de dos mil distribuidores que abastecen a dos millones y medio de tiendas.

Su entusiasmo por crecer los orilló a la peligrosa situación de que, en lugar de tomarse el tiempo para abrir el cuello de botella, tomaron el atajo de comprar el 40% de su producto intermedio del exterior[1].

Para corregir la situación, es vital encontrar modos de incrementar la producción del cuello de botella. Utilizando las técnicas estándar de la Teoría de las restricciones, que fueron descritas en *La meta*[2], dentro de las seis semanas contadas a partir del inicio del proyecto y sin inversiones importantes, revirtieron la situación en sus cuatro plantas. En lugar de comprar este producto intermedio, comenzaron a vender su producto intermedio a otros fabricantes.

Sin perder el ritmo, pasaron al siguiente punto del plan de mejora. Como tantas empresas que producen y también distribuyen, esta no tenía un depósito en planta; todo lo que se fabricaba se enviaba el mismo día a uno de aproximadamente treinta depósitos regionales. Puesto que no se conoce con precisión la demanda futura de cada SKU en cada depósito, esa práctica condujo a que hubiera demasiadas existencias en uno, mientras no se tenían suficientes en otros, por eso era normal recurrir a envíos cruzados entre depósitos. Estuvieron avanzando a tal ritmo que, en poco tiempo, estaban instalados los nuevos depósitos de las plantas con las cantidades correctas de existencias para cada una de sus casi cien SKUS. Puesto que las plantas tienen cierta capacidad de superposición, sus depósitos se manejaban como uno solo.

Luego se remontaron al siguiente eslabón: implementaron el modo de operar reabasteciendo según el consumo para controlar los embarques desde el depósito de la planta a todos los depósitos regionales. Como se sabe, esto no es solo cuestión de modificar un sistema computacional, si-

---

1. Para entender lo peligrosa que puede ser esta situación, consideren una compañía que produce motores para automóviles. El elemento crucial de un motor son los cilindros. Ahora imagínense que hay un cuello de botella en la producción de cilindros, que limita la cantidad de unidades que la fábrica puede producir y, por ende, la cantidad de motores que puede vender. El atajo de comprar el 40% de los cilindros a un competidor pondría a la empresa a merced de este.

2. Goldratt, Eliyahu. *La meta*. Granica, Buenos Aires, 2007.

no que implica el desafío mucho más difícil y delicado de cambiar el alcance de autoridad de los responsables. Los jefes de los depósitos regionales ya no toman las decisiones, ya no colocan pedidos desde las plantas. En lugar de eso, el sistema reabastece al depósito regional automáticamente de acuerdo con los envíos de cada depósito regional a sus distribuidores. Los jefes de depósito tampoco deciden los niveles meta de stock, que son determinados y controlados constantemente por el sistema. La responsabilidad del jefe de cada depósito regional se restringe ahora a gestionar bien las operaciones internas.

Las existencias se redujeron y los faltantes fueron eliminados casi en su totalidad. El poder del sistema quedó demostrado claramente a unos pocos meses de la terminación de ese paso. Durante el monzón, una inundación dañó la mayoría de los bienes que estaban en uno de los depósitos. En el pasado, una desgracia así habría causado serias perturbaciones en el suministro de la región. Ahora, el jefe envió un memorando en el que declaraba que las perturbaciones fueron sorprendentemente pequeñas, y que en el transcurso de una semana, todo había regresado a la normalidad.

Todo lo anterior y un incremento resultante de aproximadamente el 10% en las ventas, fue logrado en poco menos de cinco meses desde el inicio del proyecto de mejora.

¿Cómo clasificarían a los gerentes de esta compañía? ¿Como de mente abierta y orientados a la acción, dinámicos y movidos por resultados? Personalmente, creo que, en este caso, los adjetivos como esos pueden no ser suficientemente fuertes.

Pero eso no es el fin de la historia. El siguiente paso fue ampliar el reabastecimiento conforme a consumo, desde la distribución interna (del depósito de la planta a los regionales) hasta la distribución externa, es decir, desde los depósitos regionales a los distribuidores. Entonces aparecieron las primeras señales de duda.

Los distribuidores no son empleados de la compañía. Cada distribuidor es un negocio independiente y distinto. Ahora consideremos el significado de abordar a un distribuidor y sugerirle que cambie a esta solución en particular de reabastecer contra consumo. Un modo de verlo es que tenemos que decirle: "Querido amigo, hoy como dueño de tu negocio, tú determinas qué debemos enviarte. Tú eres quien hace las órdenes. Te sugerimos que de mañana en adelante, nos reportes, cada día, qué vendiste, y nosotros seremos quienes decidiremos qué te embarcamos y, en consecuencia, también determinaremos cuántas existencias vas a tener". ¿Qué podemos esperar como reacción ante una oferta así? Lo más probable es que responda con preguntas retóricas como: "¿Hablas en serio?", o "¿Me estás tratando de decir que tú sabes cómo manejar mi negocio mejor que yo?". Esto fue con certeza lo que previeron los gerentes de ventas, especialmente al considerar el historial de la compañía en el área de embarques fallidos y la presión constante por tratar de atiborrar de existencias a los distribuidores. No es de extrañar que fueran escépticos con respecto a la posibilidad de que los distribuidores aceptaran esa propuesta.

Se preparó debidamente a la fuerza de ventas de la empresa. Se puso de relieve la naturaleza ganar-ganar (para la compañía y los distribuidores) de la solución de reabastecer según consumo. La fuerza de ventas participó en la construcción y preparación de las presentaciones para lograr la aceptación, que fueron ensayadas a través de dramatizaciones (role playing). Los sesenta y ocho distribuidores más grandes fueron elegidos como blanco de la propuesta inicial que fue lanzada y completada en mayo de 2005. Para sorpresa de la fuerza de ventas, todos los distribuidores aceptaron la oferta, aunque vale la pena comentar que con diversos grados de entusiasmo. Las siguientes semanas fueron tensas para los altos gerentes de la compañía, puesto que las ventas de sus productos a los mayores distribuidores bajaron drásticamente y se recibían sobrantes en devolución. Luego, se incrementaron las ventas y siguieron ascendiendo. Todo el mundo comenzó a respirar normalmente de nuevo. Hasta fines de 2005, la iniciativa de reabastecimiento fue extendida para que abarcara a otros quinientos distribuidores, que representaban ahora el 65% de las ventas de la compañía. El incremento en ventas, con relación al año anterior, fue de un 30%, mucho más alto que el crecimiento del mercado.

Hagamos un resumen hasta aquí. Sabemos que cuando hay una mejora de la producción tiene un impacto positivo en la disponibilidad y por lo tanto en las ventas. Sabemos que conservar las existencias en un depósito de la planta, en lugar de empujarlas hasta los depósitos regionales, mejora todavía más la disponibilidad. Sabemos que poner la distribución interna y más aún la distribución externa en la solución de reabastecer según consumo hace que la disponibilidad de los distribuidores llegue a niveles casi perfectos. El impacto combinado de todas esas mejoras condujo a un incremento del 30% en ventas, que no estuvo asociado con ningún aumento de gastos ni inversiones. Tanto la pequeña inversión que se necesitó para mejorar la capacidad de la planta como la inversión más grande que se necesitó para mantener el stock de la planta, fueron más que compensadas con la mucho mayor reducción en las existencias de los depósitos regionales. La empresa estaba generando utilidades récord y los gerentes recibieron también bonos récord.

Pero, como se sabe, ese no es el fin del esfuerzo. Lo que se había logrado hasta ese momento era tan solo pavimentar el camino para el siguiente paso. La mejora más importante, en términos del incremento en ventas y utilidades, ocurre cuando se extiende el reabastecimiento a los comerciantes minoristas. Este es el paso más significativo, por dos razones principales. Una es que la variabilidad es máxima al nivel del minorista, y como resultado, es en el menudeo donde están los mayores faltantes. Los distribuidores y los depósitos propios experimentan menos variabilidad debido al impacto de la agregación. Eliminar los faltantes a nivel minorista producirá el mayor incremento en ventas. La segunda razón es que la presión del espacio de exhibición limitado, y la limitación de efectivo, son más elevadas en el nivel minorista, y como resultado, una tienda tiene un porcentaje relativamente bajo de SKUS disponibles; una tienda chica típica tiene como cinco SKUS (en la India una tiendita es verdaderamente pequeña) y una tienda común lleva de diez a veinte SKUS, de las casi cien que hay disponibles.

La solución de reabastecimiento, una vez que llega a las tiendas, reduce los faltantes, y las existencias. Mientras mayor sea la frecuencia del reabastecimiento, mayor será el impacto. Aumentar las entregas de una vez por semana a una vez al día, prácticamente elimina los faltantes y disminuye las existencias a bastante menos de la mitad. Al percatarse de que los productos de la compañía se venden muy bien con relación al efectivo y el espacio, las tiendas amplían la gama de productos que llevan. La unión de tener menos faltantes y muchos más SKUS por tienda tiene un impacto positivo en las ventas.

Las mejoras en tan solo los eslabones anteriores de la cadena de suministros ya habían representado un aumento en ventas del 30%. Tenía-

mos muchas ganas de dar el siguiente paso decisivo: extender nuestra solución a los minoristas. Un paso que se espera que por lo menos doble ese
incremento en ventas. Ese sería el punto crítico de la implementación.

Permítanme abundar sobre la última oración. Hagamos la modesta
predicción de que ampliar el reabastecimiento a los minoristas solo va a
producir otro 30% de incremento en ventas. Las mejoras en la capacidad
de la planta pueden fácilmente sustentar el incremento combinado del
60% en ventas sin agregar ningún gasto. El costo variable total de los productos de la compañía constituye alrededor del 60% de los precios de
venta; el throughput, el 40%. Eso significa que, en esa etapa de la implementación, la utilidad neta de la compañía se incrementará en más
del 20% (0,6 x 0,4). Antes del proyecto de mejora, la utilidad neta de la
compañía estaba ligeramente por encima del promedio de su industria
(6% sobre las ventas). Ahora, se espera que alcance al 20%, un nivel de
desempeño inaudito. Imaginen el impacto positivo que eso tendrá en la
moral de los empleados y la confianza de los accionistas.

Pero para ver el verdadero resultado tenemos que examinar el efecto que estas mejoras tienen en los demás eslabones de la cadena de suministros y en las oportunidades tangibles que se abrirán como consecuencia de ellas.

Los distribuidores ya disfrutan de un incremento del 30% en ventas
asociado con un 40% de reducción de existencias. El mayor incremento
en ventas por haber extendido el reabastecimiento a las tiendas no causará un incremento significativo en las existencias que los distribuidores
deberán tener, puesto que aumentará la frecuencia de los embarques a
las tiendas (y con eso, se disminuye la demanda de los distribuidores). El
principal indicador de los distribuidores es la rotación de stock; una mejora del 10% en este aspecto se considera una muy buena noticia. La rotación de existencias de los distribuidores mejorará más del 250%
(1,6/0,6). Ese fantástico incremento garantiza que la compañía no tendrá problema alguno en atraer a la enorme cantidad de distribuidores que
se requiere para cubrir el resto del mercado indio (expandiendo el alcance de la compañía de dos millones y medio de tiendas a los seis millones
y medio que existen). Esa expansión volverá a aumentar significativamente las ventas y utilidades de la compañía.

El potencial real ilimitado se pone de manifiesto cuando examinamos el impacto que extender la solución de reabastecimiento tiene en el menudeo. A primera vista, parece poco probable que nuestra solución lo tenga, dado que los productos de la empresa en cuestión constituyen menos del 5% de las ventas de una tienda.

Bueno, ¿y si le echamos un segundo vistazo? Las grandes tiendas que principalmente venden PCRMS son los supermercados. Tal vez ustedes no estén enterados del hecho de que el 2% de utilidades sobre las ventas se considera muy bueno para los supermercados en el mundo occidental; su margen sobre los PCRMS es del 15 al 35%, pero la utilidad neta es mucho más pequeña, debido a los gastos y, más aún, la ineficacia conceptual inherente al modo de operación prevaleciente.

Pero no hay que tenerles demasiada lástima a los supermercados. Considerando los grandes volúmenes de ventas y las inversiones relativamente pequeñas, con el 2% de utilidad sobre las ventas hacen un muy buen negocio. El margen de una tiendita en la India es menor que el margen de los supermercados en el mundo occidental, los gastos son mucho más pequeños y el modo de operación conceptual y, por lo tanto, su ineficacia, son iguales. El efecto combinado es que la mayoría de las tienditas de la India obtienen menos del 1% de utilidad neta sobre las ventas.

Considerando estos diminutos porcentajes de utilidad y el hecho de que las ventas de las tiendas se componen de muchos tipos de productos, cada uno de los cuales representa como máximo solo un pequeño porcentaje de las ventas, los dueños de las tiendas son sumamente sensibles a cuáles productos se están vendiendo bien y cuáles no, y actúan de acuerdo con ello. En las tiendas grandes, el indicador primario que se usa para determinar qué producto recibirá más espacio de exhibición y cuál se quitará es la venta/estantería. Un incremento del 50% en las ventas de los productos de la compañía, que no esté relacionado con aumentar las existencias o el espacio en estanterías, por fuerza los elevará a la categoría de productos favoritos de las tiendas, tanto grandes como pequeñas[3].

Una tienda que está experimentando tan positivos resultados por la

---

3. Es importante notar que, para todo efecto práctico, los competidores no pueden contrarrestar esto. Emular lo que nuestra compañía está haciendo es muy difícil. Continúe leyendo para ver las enormes barreras psicológicas que se yerguen frente a esto. También es imposible que los competidores reaccionen del modo tradicional y rápido de otorgar descuentos, incluir regalos o simple-

venta de nuestros productos, ciertamente recibirá con satisfacción la propuesta de vender otros artículos de la firma. Especialmente si la empresa elige aquellos sobre los cuales las tiendas tradicionalmente tienen un mayor margen. La expansión de la oferta de reabastecimiento a las tiendas abre de par en par la posibilidad de colocar nuevos productos en el mercado. Solo el futuro mostrará si fue bien utilizada la oportunidad de cosechar el impacto (sobre las ventas y utilidades futuras de la compañía) de la fácil introducción de nuevos productos capitalizando sus impresionantes capacidades para la distribución y venta.

En noviembre de 2005, me decepcionó descubrir que no se había hecho todavía ningún esfuerzo por continuar con el siguiente eslabón de la cadena de suministros: el comercio al por menor. Considerando que para estas alturas la agresiva actitud emprendedora de esta compañía ya me había echado a perder completamente, se imaginarán mi frustración al percibir lo que a mis ojos parecía postergación. Con razón, conforme transcurría 2006 sin que aún se iniciara algún esfuerzo por abordar en serio a los minoristas, comencé a ejercer un poco de presión, suave al principio y no tan suave después. Lo que estábamos enfrentando se podría describir como parálisis. De hecho, considerando el número e intensidad de las reservas que plantearon para apuntalar el argumento de que no tiene caso abordar a las tiendas con la oferta de reabastecimiento, la actitud podría describirse mejor como "parálisis activa". Y si la expresión no existe, definitivamente debería inventarse.

¿Qué causó un cambio tan drástico en su comportamiento?

Reflexioné sobre esta pregunta mucho tiempo. Por una parte, toda mi experiencia me conduce a creer que hay personas que son de mente más abierta que otras. Por otro lado, encasillar a la gente como de mente abierta o conservadora, como orientada a la acción o a la postergación, conducirá a la ridícula conclusión de que *todos* los gerentes de la compañía sufrieron una repentina transformación.

---

mente rebajar los precios. Asumamos que los productos de nuestra compañía representan como mínimo el 2% de las ventas de las tiendas y el incremento acumulado en ventas fuera solo 60%. Asumamos todavía más, que las tiendas tienen un margen bajo de solo el 10%. Para que un competidor pueda igualar nuestro impacto sobre la rentabilidad de la tienda, tendría que reducir sus precios a la tienda en 6%, con lo cual prácticamente eliminaría todas sus utilidades.

16

LA GENTE ES BUENA

¿Cuáles son las causas factibles que podrían explicar el comportamiento de ese grupo? Para ponerme a prueba, deliberadamente borré de mi mente la advertencia de papá, y preferí concentrarme en los primeros pensamientos que me vinieran a la mente. Los gerentes de esa compañía se encuentran ahora en la cima del mundo. Ya han conducido a su empresa a un desempeño considerablemente superior al de cualquiera de su industria. Obtuvieron jugosas recompensas en bonos. Todo el mundo elogia sus logros. ¿Será suficiente?

El siguiente paso propuesto implica un esfuerzo descomunal: lanzar una oferta no tradicional a dos millones y medio de tiendas es una tarea abrumadora. Más aún: ¿quién garantiza que funcionará? ¿Quién garantiza que conducirá a un incremento significativo en ventas? Habría que asegurarse.

Además, no se puede comparar la sagacidad para los negocios del dueño de un centro de distribución, una persona que todos los meses mueve sumas considerables de dinero y conoce de sistemas financieros y tecnología, con los dueños de tienditas, gente que quizá ni computadora tiene. La gran mayoría de los dueños de tienditas probablemente jamás habrán oído hablar de "rotación de existencias". ¿Qué probabilidad hay de que entiendan la oferta y estén dispuestos a aceptarla? Con razón los gerentes de esta compañía pusieron el freno y se negaron a dar el siguiente paso.

¿Cuál será la reacción de papá a mi interpretación de la situación?

La va a hacer pedacitos.

Pienso que no se mueven porque no quieren poner en riesgo su buena situación. Papá resaltará que esta hipótesis no se sostiene ante la prueba de los efectos previstos. Cuando se inició el proyecto, la compañía ya estaba en buena situación; sus utilidades netas eran superiores a las normales en su industria. Los gerentes que no quieren arriesgar una buena situación no son proclives a cambiar los procedimientos y políticas que han seguido durante décadas y que los llevaron al éxito. Pero los hechos indican que cambiaron con entusiasmo su manera de guiar la producción, que modificaron radicalmente la forma de distribución tanto interna como externa, y lograron realizar todos esos cambios en menos de un año. No puedo afirmar que han hecho una pausa solo para dejar que el sistema se estabilice. El sistema ya estaba ronroneando a fines de 2005, y no moverse en todo un año adicional no puede ser descrito como "simplemente una pausa".

Pero el siguiente paso es mucho más arriesgado.

Ya puedo oír claramente sus irónicas preguntas: "¿De veras? ¿De qué modo es más arriesgado? Fue un riesgo invertir en la construcción de los almacenes de las plantas. Fue arriesgado permitirles a todos los distribuidores importantes reducir sus inventarios. ¿Cuál es el riesgo de abordar a, digamos, mil tiendas entre dos millones y medio y ver su reacción a la nueva oferta de la compañía? ¿Y qué hay de los esfuerzos gigantescos por convencer y manejar a dos millones y medio de tiendas? Eso no se puede comparar con el manejo de solo treinta depósitos regionales ni hasta dos mil distribuidores. Es una tarea mucho más grande".

Ya puedo ver cómo se ampliará la sonrisa en su rostro, al decirme: "Efrat, para ti un número como dos millones y medio es imponente, pero para ellos es la realidad del día a día. Actualmente abastecen a esas tiendas y, por supuesto, tienen la infraestructura necesaria para manejarlas. Solo pregúntate: ¿cuál es la diferencia entre lo que les pedimos hacer y lanzar una promoción, lo cual es algo que hacen rutinariamente?".

Qué bueno que se me ocurrió imaginarme todo eso. Me ahorré una situación embarazosa. Encasillar a estos gerentes como evasores del riesgo, particularmente cuando el siguiente paso casi no implica riesgos, es ridículo.

Pero lo importante es que creo que aprendí mi lección. Las primeras causas que me vinieron a la mente eran despectivas, carentes de sustancia, y con respecto al enorme potencial del siguiente paso, en realidad, eran acusaciones. Me siento incómoda al recordar cómo juzgué a los dueños de las tiendas. Hice caso omiso de la amplísima experiencia que tengo en regatear con ellos para terminar pagándoles lo que quieren. ¿Cómo se me ocurrió pensar que no tienen sagacidad para los negocios, que son incapaces de captar la ganancia que representa la oferta? ¡Disparates!

Si no fuera por el hecho de que sé que le tendré que justificar mi respuesta a papá, si no fuera por el hecho de que sé cómo la va analizar, tal vez podría haber aceptado mis especulaciones como verdaderas. ¿Adónde me habría conducido eso? A estar convencida de que no tenía sentido seguir alentándolos para que prosiguieran con el siguiente paso. Bajaría sustancialmente mis expectativas de lo que se puede lograr y lo haría por nada, sin una razón válida. Más aún: habría terminado todavía más escéptica acerca de las facultades de la gente.

Tal vez papá tiene razón. Quizá deberíamos reexaminar nuestra percepción del comportamiento de las personas.

Comencé a pensar en eso hace un tiempo, cuando me percaté del grado al cual tendemos a culpar a los demás cuando estamos enfrascados en un conflicto. Pero ahora, me doy cuenta de que esa tendencia va mucho más allá de las situaciones en las que estamos involucrados personalmente. Este es un caso en el que yo no estaba involucrada. No hay conflicto aparente y, no obstante, mi tendencia a culpar, a esgrimir "explicaciones" denigrantes sin fundamento, me cegó a tal grado que estuve a punto de abandonar una oportunidad de lograr mejoras increíbles.

Yo sé lo que papá va a decir, se lo he oído desde que tengo uso de razón. Las claves del pensamiento claro son la creencia en la simplicidad inherente y, no menos importante, la creencia en que la gente no es mala. Una creencia que conduce a la práctica de que cada hipótesis, aun antes de siquiera ser considerada como factible, primero debe pasar la prueba de no ser denigrante.

Hasta hoy, no lo había tenido en cuenta. Como psicóloga sé que hay un debate sobre la naturaleza humana. Algunos, incluyendo a Freud, sostienen que las personas nacen con maldad. Otros sostienen que nacen como una *tabula rasa* (en blanco) y que pueden volverse malvadas debido a la influencia del medio ambiente.

¿Cómo puedo evaluar seriamente la opinión de que la gente es buena? Más de la mitad de mi capacitación profesional ha tratado casos en los cuales las personas se comportaron de un modo que definitivamente no es bueno.

Por otro lado, el criterio de papá es pragmático y funciona. Si quiero mejorar mis oportunidades de vivir con plenitud, más vale que aprenda a pensar claramente. Y para hacer eso debo superar el obstáculo de mi tendencia a refugiarme en culpar a los demás, desvalorizándolos. Ahora que estoy mucho más alerta a la magnitud de ese obstáculo y su poder devastador, quizá deba revisar mis opiniones sobre el comportamiento de las personas.

Creo que pensaré en eso en otra ocasión. Ahora lo que quiero es encontrar una causa real que pueda explicar el comportamiento extraño de esos gerentes. Soy psicóloga organizacional, seguramente podré encontrar una buena respuesta.

¿Qué podrá explicar la diferencia de su comportamiento entre las primeras etapas de la implementación y la última? ¿Existe una diferencia en las etapas mismas? Las primeras necesitaron cambios mayores en su compañía y las empresas con las que trataban en forma muy estrecha, un entorno que conocían muy bien. ¿Tal vez estos gerentes no continúan moviéndose porque el siguiente paso les exige salir de su zona de comodidad?

Eso parece ser una buena dirección a explorar. Pero no me engaño. Mientras no entienda totalmente de qué estoy hablando, lo único que estoy haciendo es ocultarme detrás de una jerga profesional presumida.

Quisiera no haber aceptado la prueba de papá. Pero como ya lo hice, tengo que seguir reflexionando antes de darme por vencida, y leer la solución que él sugiere.

17

ZONAS DE COMODIDAD
(Continuación)

La opinión muy difundida de que el comportamiento de las personas depende de sus zonas de comodidad podría aportar una explicación. Cuando alguien está operando dentro de su zona de comodidad, puede esperarse que tenga la mente abierta y se ponga en acción; cuando se lo saca de allí, tal vez se resista y dude.

Personalmente, no me resulta fácil aceptar esa explicación, sin una definición precisa de "zona de comodidad" y sin una clara descripción del mecanismo que la conecta con las actitudes.

Veamos, entonces: ¿qué es una zona de comodidad?

Se acostumbra pensar que se trata de un área donde la persona siente que tiene el control o por lo menos suficiente influencia. Eso puede explicar el comportamiento de la gerencia de nuestra compañía. Mientras se trataba de su propia operación, área en la que ellos tienen el control completo, se movieron como relámpagos. Una vez que tuvieron que salir de las fronteras de la compañía, a los distribuidores, surgieron las primeras señales de vacilación. De todos modos, como el arreglo con los distribuidores se basa en la exclusividad (es decir que los distribuidores solo almacenan y venden los productos de nuestra compañía), la gerencia consideró tener influencia suficiente sobre ellos, y se puso en marcha, primero con cautela y luego impetuosamente. Pero cuando llegaron al nivel de los minoristas, donde los productos de la compañía solo constituyen una pequeña fracción de las ventas, la gerencia sintió que definitivamente no tenía nada de control, ni siquiera influencia suficiente, y entonces cambió su comportamiento.

Aunque la explicación anterior cuadra con todos los hechos que vimos en esta compañía, también indica que, a menos de que encontremos el modo de tener algún nivel de control efectivo o influencia en el comercio, la gerencia seguirá arrastrando los pies. Esta predicción está directamente en conflicto con lo que he podido comprobar en muchas otras circunstancias. Tomemos, por ejemplo, la situación común de un fabricante de partes que le vende a otro fabricante. En la mayoría de los casos, hay bastantes competidores y las partes vendidas representan una fracción pequeña de las compras del cliente, lo que significa que el proveedor no tiene ningún control efectivo ni influencia. Con todo, en la mayoría de tales casos, no tuvimos mayor dificultad en convencer a los proveedores de que abordasen a sus clientes con una oferta radicalmente diferente de lo tradicional.

Para integrar todos los hechos, tanto los observados en esta compañía como los de las fábricas de partes, examinemos la opinión de que una zona de comodidad tiene menos que ver con control que con conocimiento. Supongamos que definimos una zona de comodidad como aquella en la que una persona siente que tiene suficiente conocimiento de las causas y efectos; de lo que probablemente será el resultado de una acción, de cuál va a ser la posible respuesta a una sugerencia[1].

De acuerdo con lo dicho, al empujar a una persona fuera de su zona de comodidad se presenta el siguiente escenario:

1. Se sugiere emprender una acción específica para llegar a un efecto deseable específico.
2. La persona, basándose en su conocimiento de las causas y efectos relevantes, se convence de que la acción sugerida no puede causar el efecto deseable, o tiene una probabilidad muy pequeña de hacerlo.

Es obvio que debemos esperar resistencia cuando la persona está viendo causas y efectos diferentes de los que usamos. ¿Cuánta resistencia? Bueno, depende de qué haya conducido a nuestros clientes a creer en su causa y efecto existente. Ahora creo que corresponde distinguir entre dos tipos de situaciones: uno en el que la gente tiene experiencia, y otro en el que carece de ella.

El primer tipo se da cuando tratamos de convencer a las personas de que cambien sus modos arraigados de comportarse y que han practicado durante décadas, como los cambios que les sugerimos a los

---

1. Tal conocimiento, de hecho, conduce a la habilidad para influir efectivamente en la situación, y por lo tanto no es de extrañar que las zonas de comodidad estén relacionadas con el control y la influencia.

gerentes de esta compañía con respecto a su producción y distribución. En el pasado consideramos estos casos como los más difíciles de cambiar. Ya no lo creo. No es que sean fáciles, pero el otro tipo es mucho más difícil. En la primera situación, las conexiones de causa y efecto de nuestros clientes se basaron en una enorme experiencia. Las fallas que tenían en algunas de sus conexiones de causa y efecto surgieron no de la falta de experiencia, sino del hecho de que estaban operando bajo un paradigma equivocado. Generalmente, sus paradigmas previos surgieron de algún modo u otro para obtener la optimización local. El mero hecho de que nuestra sugerencia se basa en causas y efectos tomados de otros paradigmas significa que al proponerla sacamos a nuestros clientes de su zona de comodidad. Para entenderlo completamente, imaginemos la reacción de nuestros clientes si les presentáramos las acciones que se necesitan pero sin ninguna explicación. ¿Habría alguien que siguiera nuestras indicaciones e implementara estos cambios? ¡Ni por casualidad!

Esta es la razón por la que en esos casos tenemos cuidado de explicar la lógica del nuevo paradigma y de asistirlos utilizando su amplia experiencia para validarla. El hecho de que cuentan con mucha experiencia nos ayuda de dos maneras. La primera, como decíamos, es que pueden usar sus conocimientos para rápidamente verificar y adoptar las "nuevas" conexiones de causa y efecto. La segunda es que su experiencia les ayuda a afinar los detalles que se necesitan para ajustar completamente nuestros consejos a sus circunstancias específicas.

No sucede lo mismo en el segundo tipo de situación que podríamos observar en una implementación de la visión viable, donde las acciones sugeridas por nosotros se relacionan con áreas en las que el cliente no tiene experiencia propia. En tales casos, sus conexiones de causa y efecto se basan en una extrapolación de áreas bastante desconocidas; esa extrapolación podría estar errada, e incluso, en el más extremo de los casos, podría ser inaplicable.

Un ejemplo de la primera situación es lo que sucedió cuando le pedimos a la compañía que ampliara el modo de reabastecimiento a los distribuidores. La experiencia de los gerentes se basa en la realidad de su empresa, en la que la rotación de existencias no se considera como una medición crucial, sino simplemente como uno de los muchos indicadores que usan. El extrapolar esa experiencia al entorno de los distribuidores, donde las rotaciones de stock son el principal indicador operativo, condujo a la predicción de que no pasar el control de las órdenes sería más importante para los distribuidores que mejorar su rotación de existencias. Por eso, los gerentes no podían predecir la reacción positiva de sus distribuidores. Aun así, en este caso, la experiencia de la gerencia abarcaba la medición de la rotación de existencias y sus dudas podían ser superadas mediante una explicación suficientemente buena del entorno de los distribuidores.

Pero esas no fueron las circunstancias cuando sugerimos extender la solución de reabastecimiento a los minoristas. Un comerciante de PCRMS se da por satisfecho con un 2% de utilidad sobre las ventas y considera importante una línea de producto que comprende el 5% de sus ventas. Los minoristas de PCRMS en la India están acostumbrados a tener márgenes brutos muy bajos (menos del 15%). La restricción de los PCRMS es el espacio de exhibición (y el efectivo). En consecuencia, un comerciante de PCRMS usa como su indicador operativo más importante (de manera formal, o solo intuitivamente) el de ventas/estantería.

La gerencia de nuestra compañía había adquirido su experiencia en un entorno muy diferente. El 2% de utilidad sobre las ventas se considera un desastre; todas las ventas se derivan principalmente de dos líneas de productos; un margen bruto del 30% es bastante malo; la restricción jamás es el espacio de exhibición (y rara vez es el dinero). Pero la mayor diferencia, una diferencia que hace que la extrapolación de un entorno al otro sea imposible, es que la gerencia de nuestra compañía jamás ha desarrollado la intuición de trabajar bajo el látigo del indicador de ventas/estantería.

Cuando la gerencia de la compañía evalúa la probable respuesta del comercio a una oferta que se basa en la solución de reabastecimiento, por fuerza habrá de llegar a la conclusión errónea de que una oferta así tendrá un atractivo limitado para los comerciantes, y que cualquier dificultad en su implementación hará que la rechacen de inmediato.

Incluso la mejor explicación del entorno del comercio no es suficiente para persuadir a los gerentes de la compañía, dado que carecen de la experiencia necesaria para verificar y asimilar las nuevas (para ellos) conexiones de causa y efecto.

Además, una explicación dista mucho de ser suficiente para proporcionarles la base sólida de referencias que se requiere para proporcionar el detalle fino necesario para adaptar nuestra sugerencia a sus circunstancias específicas.

Cuando las conexiones de causa y efecto se basan en una extrapolación inaplicable, las explicaciones no son suficientes.

Si una explicación no es suficiente, ¿qué se puede hacer para estimular el cambio requerido?

Comencemos con lo que no debe hacerse: componendas o arreglos de compromiso. Desafortunadamente, al enfrentarse a una resistencia fuerte (aquí, la palabra resistencia define una "parálisis activa"), la reacción natural de las personas que están proponiendo el cambio es aceptar un acuerdo de compromiso. Esto es un error grave. Puesto que la tendencia a entrar en compromisos a medias es tan fuerte, y puesto que la gente tiende a confundir la aceptación de una componenda con la práctica de acciones prudentes para comunicar un mensaje, será bueno extendernos sobre el tema.

Un compromiso sería endulzar la oferta a los comerciantes añadiéndole algunas rebajas o regalos. De ese modo, se estaría aceptando el erróneo punto de partida de que la oferta de reabastecimiento no es suficientemente atractiva por sus propios méritos.

Otro compromiso sería utilizar el mismo sistema aplicado en los eslabones anteriores, en lugar de dedicarle el tiempo, el análisis y el esfuerzo necesario para hacer los procedimientos a la medida de las condiciones específicas del comercio. Es una componenda porque acepta el erróneo punto de partida de que la oferta de reabastecimiento no producirá suficientes beneficios, ni lo bastante grandes como para que los esfuerzos necesarios para modificar los procedimientos se empequeñezcan[2].

Un compromiso sería quedarse con la frecuencia de entrega existente. Es un compromiso porque acepta el erróneo punto de partida de que el comerciante no percibirá la oferta de reabastecimiento como suficientemente atractiva para realizar algunos esfuerzos adicionales por su parte. Es una componenda, porque acepta el erróneo punto de partida de que la oferta de reabastecimiento no producirá beneficios suficientemente grandes como para justificar el incremento en el costo de transporte. Es un compromiso particularmente malo porque arriesga la esencia misma de la solución y minimiza el gran incremento en ventas resultante.

Espero que ahora esté un poco más claro lo que no se debe hacer: comprometer el punto de partida, o aceptar las conexiones de causa y efecto erróneas como base para hacer o no hacer modificaciones.

Debe comenzarse con una buena explicación de la nueva área o situación con la cual se relaciona la acción sugerida y en la que la

---

2. Cuando una tienda cuenta con menos de veinte SKUs y las cantidades a entregar a una sola tienda son una pequeña fracción de la carga de un camión completo, utilizar el sistema computarizado que se empleó para distribución, en lugar de un sistema manual prudente, resulta incómodo y costoso.

gerencia no tiene experiencia propia. Una buena explicación significa comunicar los hechos que sostienen las conexiones correctas de causa y efecto, pero además, y no menos importante, demostrando con esos hechos que sus extrapolaciones actuales no son válidas. No esperar la completa adopción de las nuevas conexiones de causa y efecto. Lo que hay que esperar es que la gerencia empiece a dudar de la validez de sus conexiones extrapoladas y empiece a contemplar la posibilidad de que las conexiones que les hemos presentado sean factibles.

Las referencias, si se parecen lo suficiente a la situación, podrían ser de utilidad en esta etapa. De todos modos, no se sorprendan demasiado si tan solo desencadenan un rechazo del tipo "pero nuestro caso es distinto". Aun cuando parezca que están totalmente de acuerdo, hay que tomar en cuenta que no tienen la experiencia necesaria y por lo tanto es demasiado esperar que hayan asimilado completamente las nuevas conexiones de causa y efecto, y es ingenuo creer que puedan llevar a cabo con precisión las modificaciones requeridas.

Estas son las razones por las cuales el siguiente paso debe ser lanzar una prueba. La prueba no debe ser considerada como una táctica dilatoria, como tantas lo son, sino como el paso decisivo para determinar las acciones futuras de la compañía. Por lo tanto, el comité ejecutivo debe exigir que se revisen los resultados periódicamente. De lo contrario, la importancia de la prueba se puede deteriorar al grado de que nadie se moleste ni siquiera en analizar sus efectos. Es importante diseñar la prueba para que logre dos objetivos diferentes:

1. entender el nivel de aceptación/rechazo de la oferta;
2. obtener una idea numérica de la magnitud de los resultados; por ejemplo, el incremento en ventas.

Es imperativo ayudar a la gerencia a diseñar esas pruebas. De lo contrario, pueden cometerse errores, que podrían distorsionar la realidad.

Por ejemplo, un error común en el primer objetivo es que los gerentes no son conscientes de que en muchas tiendas grandes hay un gran cuello de botella en el andén de carga. La duda de una tienda sobre incrementar la carga en el andén debido a la gran cantidad de entregas podría ser entendida como una duda sobre el valor de la oferta de reabastecimiento, y entonces la compañía podría tener la impresión equivocada de que la solución de reabastecimiento es más idónea para las tiendas pequeñas.

Un error que se puede cometer con respecto al segundo objetivo es no percatarse completamente del impacto que tiene la reducción en existencias. En las grandes tiendas es importante asociar cualquier reducción futura de inventario con la promesa de preservar el espacio de exhibición actual. Si no es así, el incremento en ventas decaerá después de un rato. En las pequeñas tiendas es importante acompañar cualquier reducción futura de inventarios con la promesa de ampliar la cantidad de SKUs distintas que la tienda lleva. De lo contrario, la mitad del incremento potencial en ventas podría no producirse.

Existen muchos más ejemplos, pero la verdadera cuestión es: cuando a la gente se la saca de su zona de comodidad y no tiene experiencia para juzgar si las causas y efectos que apuntalan nuestra sugerencia (es decir, causas y efectos que están en contradicción directa con los que ellos habían asumido) son valiosos, ¿será suficiente una explicación para hacerlos invertir las considerables cantidades de tiempo y esfuerzo en lanzar, vigilar y analizar una prueba? El Dr. W. Edwards Deming en repetidas ocasiones dijo que es mucho más difícil rehacer algo que hacerlo bien de entrada. En esta compañía reaccionamos a la resistencia inicial con compromisos y componendas. Ahora se hace necesario empezar de nuevo. Después de haber perdido casi un año y medio, ¿será posible todavía volver a encarrilar las cosas?

Lo intenté. Durante casi dos horas di la explicación de las realidades del comercio minorista. Expliqué las causas y efectos que lo rigen, y el papel del indicador ventas/estantería. Incluso, al final, les di una referencia de un entorno parecido. Les sugerí hacer una prueba, les planteé sus detalles, y resalté qué resultados deberán conducir a qué conclusiones y acciones.

Funcionó. A las dos semanas, y ya sin mayor intervención de nuestra parte, la empresa ya había lanzado una prueba muy amplia.

Aprendí mucho de este caso; por ejemplo, en qué situaciones es imperativo insistir en hacer pruebas. Para mi satisfacción, no tuve que cambiar mi opinión sobre la gente. El comportamiento de las personas no es arbitrario. Las personas de mente abierta no estarán obligatoriamente de acuerdo conmigo, pero si se les explica estarán dispuestas a invertir en reevaluar sus conexiones de causa y efecto, sobre todo si el tema es importante.

18

EMOCIÓN, INTUICIÓN Y LÓGICA

–Papá, entiendo que lo que hemos hablado hasta ahora es solo el comienzo. Estoy consciente de que hay técnicas para pensar más rápido y con más claridad, técnicas hechas a la medida de situaciones específicas. He estado usando durante años algunas de ellas; de muchas otras, solo he oído hablar. También sé que lo que hemos discutido tiene ramificaciones hacia muchos temas que no hemos tocado. Pero todavía hay una cosa que no me cierra; tanto, que sospecho que hay una falla fundamental en el enfoque que me estás presentando.

–Excelente –responde–. Se ve que no desperdiciamos el tiempo. Como mínimo, has aprendido a no aceptar cualquier cosa solo porque alguien, quien sea, lo dice con autoridad. Siempre debes estar en guardia, pensar y verificar si la realidad confirma tus supuestos y conclusiones.

–Eso es exactamente lo que me molesta. Como psicóloga, estoy entrenada para enfocarme en las emociones e inhibiciones de la gente, pero para ti todo es pura lógica fría basada en los hechos.

–Mmm… Si esa es tu impresión, tal vez hubo una falla fundamental, una falla en mi explicación.

Se concentra en la ceremonia de limpiar y volver a llenar su pipa. Yo solo espero pacientemente. Por fin empieza a hablar.

–Efrat, la lógica no existe en el vacío. Para dar cualquier paso lógico, necesitamos empezar por ver las conexiones planteadas por nuestra intuición y alimentarlas constantemente. ¿No te has fijado en que el único modo en que podemos plantear una hipótesis o predecir un efecto es mediante la intuición? ¿Y cómo se expone un supuesto? De nuevo: por intuición.

Sigo sin haber obtenido una respuesta, así que espero.

–Y la intuición surge de la emoción –continúa–. No tenemos nada de intuición para las cosas que no nos interesan. En resumen, los seres humanos estamos sobre una especie de banco de tres patas: la emoción, la intuición y la lógica. Para ver cómo se integra todo lo que hemos dicho hasta ahora, comencemos con la emoción. Toda persona tiene emociones.

–De acuerdo –acepto–, pero eso no significa que seamos todos iguales. Las personas tienen sus emociones sintonizadas en cosas diferentes, tienen diversas áreas de interés. Por eso las oportunidades y los logros que son importantes para uno pueden ser muy distintos de los que son relevantes para otro.

–Exacto. Y esa observación pone de relieve algo muy importante. Tú, como cualquiera, tienes más intuición en las áreas que son más importantes para ti. Y eso es bueno.

–Sí, lo es. Pero, papá, eso no significa que tenga suficiente intuición para lograr lo que quiero.

–Pues entonces solo tienes que desarrollarla –contesta.

Antes de tener oportunidad de arrastrarlo al debate sobre el grado hasta el cual la intuición y la capacidad cerebral pueden desarrollarse, me hace una pregunta:

–¿Has advertido que cuando has usado la lógica en un área y como resultado obtuviste un entendimiento más profundo, o mejor aún, lograste eliminar un conflicto y mejorar sustancialmente la situación, también estaba pasando otra cosa? Tus emociones sobre esa área se intensificaron.

–Por supuesto que lo he notado. Más de una vez. –Espero atentamente a que continúe.

–Observa el resultado inevitable de estar constantemente practicando el pensamiento claro. Naturalmente, cuando lo hacemos, no le dedicamos la misma atención a todos los temas; tendemos a concentrarnos en las áreas que nos interesan. Ahora supongamos que utilizamos la intuición que tenemos en esas áreas para alimentar la lógica. Cuanto más éxito tenemos con esa forma de pensar, más profundas se tornan nuestras emociones. Cuanto más profundas las emociones, más fuerte será la intuición. Cuanto más fuerte la intuición, mayores las probabilidades de aplicar la lógica con éxito y, en consecuencia, de lograr buenos resultados. Y como estos resultados se obtienen en nuestras áreas de interés, son significativos para nosotros. Cuanto más significativos los resultados, más profundas las emociones, y así sucesivamente.

Reflexiono sobre eso:

–Lo que estás describiendo es una hélice que gira hacia arriba. Ahora ya veo por qué estás tan convencido de que todo el mundo tiene suficiente capacidad cerebral e intuición para tener una vida plena. Sin importar cuáles sean los niveles de capacidad cerebral e intuición de los que se parta, si practicamos el pensamiento claro, la hélice las elevará a mayores alturas. Papá, tu perspectiva de la vida es la más optimista que he escuchado nunca.

–¿Optimista? Soy una de las personas más paranoicas que conozco. Nunca dejo nada librado al azar. Siempre trato de asegurarme de que las cartas estén acomodadas a mi favor. Les pongo redes de seguridad a las redes de seguridad. ¿Optimista yo? ¿Cómo llegas a semejante conclusión?

Sonrío y empiezo a contar con los dedos:

–Uno, la gente es buena. Dos, todos los conflictos se pueden eliminar. Tres, toda situación, sin importar lo compleja que parezca al principio, es sumamente simple. Cuatro, toda situación puede mejorarse mucho, y ni el mismo cielo es el límite. Cinco, toda persona puede alcanzar una vida plena. Seis, siempre hay una solución de ganar-ganar. ¿Quieres que siga contando?

Sonríe.

–Efrat, ¿sabes lo que es un optimista con experiencia?

–¿Un pesimista?

–Esa es una posible respuesta. La otra es: "un visionario práctico". Lo que tú llegues a ser es tu elección. Y otra cosa, Efrat, con todo lo optimista que pueda sonar, no hay que confundirlo con fácil, porque no lo es. Verás, el reverso de todos los puntos que contaste es que ya no puedes refugiarte en culpar a los demás, o a las circunstancias, o decir que las cosas están fuera de tu control, o incluso más allá de tus capacidades. Tienes que asumir la responsabilidad completa de tu vida. Esto te conducirá a una vida plena, pero ciertamente no a una vida fácil. De hecho, tuve que abandonar uno de los mayores placeres del ser humano: el que deriva de vociferar y quejarse.

Entre risas le aseguro:

–Ese es un precio que estoy dispuesta a pagar.

APÉNDICE

LIBERTAD DE ELECCIÓN*
Un informe de Eli Goldratt al Grupo Goldratt

Estoy acostumbrado a una vida relativamente acelerada, pero en las últimas semanas me he topado con una aceleración mayor a la que jamás había experimentado.

Lunes 25 de junio por la noche. Estoy en Holanda. Me llama Thomas, el director regional de Goldratt Consulting Brasil. Tiene una reunión el 10 de julio, es decir, dentro de dos semanas, con el presidente de una gran cadena de tiendas y no tenemos un documento que exponga con claridad nuestra solución para el comercio minorista.

Sabiendo que las ventas en Brasil necesitan un impulso, y habiendo escuchado de Thomas que este comerciante genera anualmente casi 400 millones de dólares estadounidenses en ventas, le pregunto cuál sería su reacción si yo escribiera la solución para el comercio minorista y la llevara a Brasil. Responde con un resonante y rotundo ¡Sí!

Continúo: –Escribir, a toda prisa, un documento tan grande y volar al otro lado del mundo solo para una reunión de dos horas, no tiene

---

* Este es un informe de Eli Goldratt al Grupo Goldratt de julio de 2007. Utilizo estos informes para fomentar nuestra cultura de evaluar críticamente cómo podemos hacer mejor las cosas. Así que aunque el informe es exacto en todos los hechos, su estilo no es lo que uno esperaría ver en un documento corporativo. Para los efectos de la presente obra, se ha modificado ligeramente con el fin de facilitar su comprensión a los lectores que no estén familiarizados con las operaciones del Grupo Goldratt.

mucho sentido. ¿Podrás hacer los arreglos para tres reuniones más con otras empresas minoristas?

La lacónica respuesta de Thomas es: –Ya estoy trabajando en eso.

Le pido dos días para decidirlo. Antes de una hora, llama Javier, el director regional de Goldratt Consulting Latinoamérica. Tiene una reunión el 9 de julio con un comerciante de 50 millones de dólares en Colombia. Vaya coincidencia. En cuatro años no hemos tenido ni un solo encuentro de esta clase, y ahora tenemos dos, uno tras otro. Le cuento mi conversación con Thomas, y comienzo a contemplar la posibilidad de llegar a Brasil desde Colombia.

27 de junio. El miércoles por la tarde, Lisa, mi asistente técnica, se reúne con nosotros en Nottingham. Mañana voy a dar la última conferencia en una Maestría en Administración de Empresas, titulada "TOC para la salud". Pero hoy todavía tenemos unas cuantas horas antes de que yo tenga que hacer una presentación nocturna ante unas 150 personas. No se permite fumar en el hotel, así que nos vamos (mi hijo Rami, Lisa y yo) a charlar a un pub. Para el futuro, voy a tener que encontrar otra solución, ya que dentro de cuatro días la ahora epidemia de "no fumar" será implantada en todos los sitios públicos en Inglaterra, incluyendo las tabernas.

–¿Creen que deba ir a Brasil? –pregunto.

Tenemos programado un seminario en Brasil para el 17 de agosto y, debido a ciertos inconvenientes, me preocupa desperdiciar mi tiempo. El organizador no está seguro de poder cumplir nuestro requisito mínimo de que asistan personas de alto nivel que representen por lo menos a treinta compañías. Pero si logro animar al presidente de la cadena de tiendas a que les recomiende el seminario a sus proveedores, mi viaje a Brasil en julio asegurará que tengamos una muy buena asistencia en agosto. Una hora después, una vez confirmado que fue posible reorganizar mi calendario, tomamos la decisión.

30 de junio. Thomas ya ha hecho los arreglos para las reuniones con cinco comerciantes. El mayor de estos negocios es una compañía de 8.000 millones de dólares, y el más pequeño, de solo 2.000 millo-

nes de dólares en ventas. Aunque tenemos mucha experiencia en las cadenas de suministros, incluyendo al comercio minorista, hasta ahora nunca les habíamos presentado nuestra solución a las grandes cadenas comerciales. Le pido que no programe más reuniones:

–No hagamos experimentos a gran escala.

Thomas ha cumplido con creces. Ahora más me vale hacer la parte que me toca. Me pongo a escribir bajo el látigo implacable de Lisa.

6 de julio. Todavía me quedan unas horas. El "árbol" del comercio está organizado, y el documento que detalla la estructura lógica de la solución ha quedado listo. Estoy orgulloso del resultado final. En lugar de ir a Colombia, me paso dos horas en Skype®, explicándole a Javier cómo presentar este árbol. Hago que me jure que me va a informar con todo lujo de detalles cómo le fue con este comerciante relativamente pequeño. Quiero estar completamente preparado antes de reunirme con los cinco más grandes minoristas de Brasil.

8 de julio. La aventura en la montaña rusa comienza desde que aterrizamos en San Pablo. Thomas me explica cómo hicieron los arreglos para las reuniones. El fondo de todo esto es que, poco después de que hablamos, se enteró de que el comerciante con el que originalmente había programado la reunión para el 10 de julio no iba a poder asistir. Así que comenzaron realmente sin ninguna reunión prevista. Nunca habían trabajado con el comercio organizado y no tenían contactos. La experiencia ha demostrado que si no se tienen contactos con anterioridad, generalmente se tarda meses en hacer los arreglos para concertar una reunión de dos horas con un alto ejecutivo de una organización grande.

No teniendo nada que perder, Thomas y su equipo prepararon una lista de los diez comercios más grandes de San Pablo y decidieron enfocarse solo en ellos. Estaban buscando amigos que a su vez tuvieran amigos que conocieran a alguien (sin que importara el nivel), dentro de cualquiera de esas empresas. Gracias a estos "contactos" lograron hablar con personas de bajo nivel. Explicaron el propósito de la reunión: "El Dr. Goldratt quisiera comprobar su solución para el comercio organizado con gente que tenga amplia experiencia y conocimiento en lo que es el negocio minorista". Solo obtuvieron una vacilante respuesta de la persona que revisaría la posibilidad de una reunión con su jefe, cosa a la que dieron seguimiento posterior con una carta.

En cinco días lograron concretar cinco reuniones (y otras tres más pendientes de que yo les diera más fechas) sobre la lista original de diez. Las reuniones se programaron con la alta gerencia, como el presidente o el vicepresidente de compras y/o comercialización. En la venta minorista estos dos vicepresidentes son los que tienen el mayor poder: uno decide qué productos comprar y el otro qué espacio y precio se le asignan a cada producto.

Fue asombroso. Si, en efecto, se pueden arreglar reuniones con gente de tan alto nivel de empresas tan grandes, con tal velocidad y sin tener realmente contacto previo con ellos, entonces estamos subestimando nuestra reputación. ¿Qué nos podrá detener de hacer lo mismo en todos lados? Nada de sus acciones fue específico para Brasil; los comerciantes de ese país no son diferentes de los de otras regiones del mundo; nuestra Teoría de las restricciones (TOC) no es mejor conocida en Brasil; nuestra gente en otras regiones es tan capaz como ellos y tiene el mismo empuje...

Me obligo a dejar de pensar en la gran panorámica y concentrarme en la tarea que debemos realizar. Vamos a reunirnos con compañías muy grandes. ¿Cómo voy a superar su tendencia –casi condicionamiento– a proceder con una serie de pruebas piloto?

Si empiezan a contemplar los pilotos, no tendremos la más remota oportunidad de convencerlos de que nos refieran proveedores para el seminario del mes próximo.

Lo que puede ayudar es el hecho de que la lógica de nuestra solución (una vez explicada) es obvia. Está sustentada en tantos hechos, y hechos que cualquier comerciante conoce íntimamente, que quizá se percaten de que los pilotos solo van a verificar lo obvio, que no agregarán nada de sustancia en tanto que ciertamente demorarán la obtención de los resultados financieros esperados. Más aún: todo comerciante considera de por sí que el desempeño de sus proveedores no es tan bueno como debería ser, ya que de motu proprio se inclinan a emprender acciones que animen a sus proveedores a mejorar.

¿Será suficiente para superar su mentalidad? Lo dudo. ¿Qué me hace falta?

No logro conciliar muy bien el sueño esa noche. Ha de ser por el jet-lag.

9 de julio. Lentamente repaso la solución con nuestro equipo local. Hay mucho material nuevo para ellos, y quiero que irradien confianza y seguridad ante los prospectos. Nuestros colaboradores están acostumbrados a ver la cadena de suministros con la perspectiva del proveedor, de manera que tienen un poco de dificultad para contemplarla desde el otro extremo, desde la óptica de las tiendas. Sin embargo, una vez que se adaptan, pueden examinar las principales diferencias entre esta solución y nuestras otras soluciones. Enderezar las operaciones en el comercio minorista es relativamente simple en comparación con lo que es producción (y un verdadero pan comido con respecto a lo que es proyectos), y no requiere realizar actividades de marketing y venta; en el comercio minorista, la operación mejorada se convierte, automáticamente, en mayores ventas.

La facilidad para obtener resultados y la magnitud de estos son asombrosas. Me pregunto por qué nunca he manifestado eso explícitamente. De hecho, nunca me lo resalté ni siquiera a mí mismo. Bueno, sin duda Einstein tuvo razón cuando dijo "Dos cosas son infinitas: el universo y la estupidez humana... y del universo no estoy tan seguro".

Estamos revisando las consecuencias financieras. Nuestros honorarios van conectados a los resultados realmente obtenidos y se han estipulado en más o menos el 10% del incremento en el valor de la compañía; por eso nuestros contratos son por muchos millones. De todos modos, me siento incómodo al aplicar nuestras fórmulas estándar en las grandes empresas que estarán en la reunión. En el comercio minorista es facilísimo incrementar en más del doble el porcentaje de utilidad sobre ventas y, por lo tanto, nuestros honorarios resultan incómodamente altos. Volvemos a calcular, tratando de ser prudentes, sin tampoco llegar a la estupidez. Luego los recortamos a la mitad. De nada sirve. Decido dejar de jugar con las cifras.

Una cosa es clara: las reuniones de los próximos dos días serán cruciales, mucho más importantes de lo que originalmente había pensado. Estoy decidido a estar tan preparado como se pueda. Es muy incómodo operar con incertidumbre cuando lo que está en juego es importante. ¿Qué me faltó? ¿Qué estoy pasando por alto? ¿Qué más puedo hacer para asegurar el resultado deseado?

Son las ocho de la noche y, por fin, llama Javier. Su tono de voz me indica que le fue extremadamente bien en su reunión, pero la conexión es tan mala que prefiero abandonar la idea de interrogarlo extensa e inmediatamente, y en vez de eso, le pido un informe escrito. Tendré que esperar hasta la mañana para tener los detalles.

10 de julio. ¿Qué hago primero, me lavo los dientes, o leo el informe de Javier?

El informe es mucho mejor de lo que esperaba. La reunión de Javier validó todas las especulaciones que yo había hecho cuando escribí el árbol (es decir, el planteamiento lógico de la solución), tratando de ver el mundo con los ojos de un comerciante minorista. No, no estaba seguro de ello; solo un necio espera que un prototipo funcione perfectamente desde el inicio.

Según el informe de Javier, queda claro que el prospecto no presentó objeción alguna, todos los comentarios fueron para apoyar lo que se decía en el árbol, o para plantear una inquietud que se respondía contundentemente en alguna de las siguientes páginas. Javier dirigió la reunión con toda maestría. Con razón cierra su e-mail con un "No espero menos de ti". Eso es casi pedir demasiado.

La primera reunión comienza a las 10. Es con el director de compras de una empresa subsidiaria de 2.000 millones de dólares, subsidiaria de una compañía minorista internacional, y sus tres principales colaboradores. Debo tener cuidado, ya que es muy fácil darles a los gerentes compras la impresión de que la solución los condena personalmente a ellos como "Personas Directamente Responsables" de los problemas actuales. El primer paso es preparar bien el escenario; cerrar la brecha entre la gran panorámica que deseo desplegar frente a ellos con el árbol, y las expectativas que se hayan formado por el modo en que se organizó la reunión. "El Dr. Goldratt quisiera comprobar su solución para el comercio organizado con gente que tenga amplia experiencia y conocimiento en comercio minorista."

Me he preparado meticulosamente, así que lo que resta es averiguar si lo que planeé va a funcionar en realidad. Comienzo estableciendo que en la reunión se abordarán los puntos que elijan ellos.

–¿Me restrinjo exclusivamente a la función de compras? ¿Me extiendo para cubrir la cadena de suministros entera? ¿O... –miro directamente a los ojos al director, considerando que él es uno de los miembros del consejo de esta empresa de gran reputación– ... desean que les exponga la verdadera sustancia, es decir la estrategia y tácticas que sugiero para su compañía?

Mis palabras, tono de voz y lenguaje corporal no le dejan mucho campo para elegir. Prudentemente, se decide por la tercera opción. A partir de este momento, navego viento en popa sobre aguas muy estudiadas, y emprendo la ruta que Javier siguió. Para fortuna mía, la respuesta de los cuatro participantes de la reunión es básicamente un eco de las respuestas positivas que Javier describió.

Concluyo la reunión expresando mis dos expectativas: que programen una reunión para Thomas con su presidente, y que aborden a sus proveedores y les recomienden que asistan a mi seminario. Puesto que esta cadena de comercio minorista vende su propia marca de ropa de moda, sus proveedores –unos cuatrocientos– son principalmente contratistas. No prometen nada, pero hacen ademanes de asentimiento. He dirigido muchas de estas reuniones, y esta ciertamente es una muy buena.

Tenemos una segunda verificación de que la solución les resulta atractiva, pero todavía no estoy seguro de haber tomado la decisión correcta. Opté por no plantear, para nada, el tema de adquirir confianza mediante las pruebas piloto. ¿Hablo de eso más explícitamente? No me preocupa demasiado; la reunión resultó tan bien, que en el peor de los casos, Thomas podrá proceder con suavidad, siguiendo nuestro bien establecido proceso para mover empresas grandes. La verdadera cuestión es si ellos van a actuar con sus proveedores. El seminario está apenas a un mes de distancia, así que no tendremos que esperar mucho antes de conocer la respuesta. Me encanta el mundo de los negocios.

Es el sueño hecho realidad de cualquier científico. En física, hay que esperar (y trabajar muy duro) durante años enteros antes de poder verificar un efecto previsto, y aquí es solo cuestión de semanas.

Estamos aguardando que comience la siguiente reunión cuando resulta que, debido a un error de logística, se tiene que posponer hasta el día siguiente. Por mí, está bien. Más adelante se revelará hasta qué grado Murphy se puede valer de las secretarias para confundir calendarios y agendas.

En el vestíbulo, Thomas revisa sus mensajes de texto mientras los demás escuchamos un chiste muy bueno. De repente, nos interrumpe. Tiene dos mensajes de proveedores de la compañía de la mañana. Así que sí se movieron. ¡Y muy rápido! No han pasado ni seis horas desde que se marcharon. Calladamente, tratamos de digerir las ramificaciones...

Todavía nos quedan por delante otras cuatro reuniones con minoristas más importantes. Es factible que tengamos representantes de 300 compañías en el seminario. Thomas llama al organizador.

—Tranquilos —nos dice—, tendremos lugares suficientes aunque el organizador tenga que construir el recinto él mismo.

¿Cuántos auditores más de Goldratt Consulting (GC) vamos a necesitar? Los auditores son nuestros colaboradores más expertos y se necesita más de un año para llevar a una persona, aun experimentada, a ese nivel de conocimiento. Actualmente, contamos con dos auditores en Brasil y, hasta hace diez minutos, yo estaba convencido de que la capacidad de los auditores no iba a ser problema hasta finales del próximo año.

Pero ¿y si lo que estamos viendo es real? Empiezo a percatarme de lo mucho que nos falta para estar listos para el éxito y lo rápido que nos puede llegar.

11 de julio. Nos reunimos en la sala de conferencias. Thomas nos informa que acaba de recibir una llamada del prospecto de ayer. Revisaron nuestro folleto del seminario y notaron que dentro de dos días vence el precio especial de preinscripción. Han solicitado una prórroga y una clave especial para que sus proveedores se puedan anotar. No estarían pidiendo esto si no tuvieran la intención de abordar a

todos sus proveedores. Ahora 300 proveedores en un seminario no suena tan descabellado.

Contemplo las ramificaciones. Generalmente, la mitad de las compañías que asisten a un seminario solicitan un proyecto. El hecho de que *estos* participantes vayan a venir por una fuerte recomendación de un cliente importante para ellos, sin duda ayudará a incrementar la cantidad de solicitudes. En el pasado, no avanzamos al siguiente paso con la mayoría de los interesados, porque muchas de las compañías no encuadraban bien en nuestras soluciones estándar. Pero en este caso, el enfoque está casi garantizado; sabemos a priori que les sirve la solución para bienes de consumo. Esto significa que este seminario podría fructificar en más de 150 prospectos. ¿Quién va a dirigir las reuniones? ¿Y qué tal si...? ¿Y si...?

–Algo anda mal –concluyo, y llamo a Rami. Le narro los hechos desnudos y le pido que los vea y me llame después con un solo número: ¿cuántos auditores de GC necesitaremos para Brasil de aquí a un año?

La siguiente reunión es con una cadena de tiendas departamentales que tiene ventas por más de 8.000 millones de dólares al año. Cuando el director de comercialización nos habla de los faltantes (productos agotados) y nos dice que representan el 25% o más, sé que esto va a darnos una repercusión muy agradable. Y efectivamente, así sucede. Responde en forma sumamente positiva a mi sugerencia de enviar a sus proveedores al seminario. Tienen 14.000, sí, *catorce mil* proveedores.

Recibimos la respuesta de Rami: diez auditores.

–Cuéntale de la reunión que acaba de terminar –sugiero. A los cinco minutos, llega la respuesta de Rami:

–Agrégale un cero.

La frase queda dando vueltas en mi cabeza.

La siguiente reunión no comienza a tiempo. Murphy ataca de nuevo. Cosas idiotas como secretarias que dan mal el lugar de la reunión, o la fecha equivocada, sumado al espantoso tránsito que hay en San Pablo, y las ocupadísimas agendas de estos personajes, son imposibles de rectificar. El resultado final es que acabamos con solo tres de las cinco reuniones. Thomas y su equipo se sienten avergonzados y molestos, pero no dejo que eso nuble su gran logro.

Hacia el fin de la tarde, celebramos lo que resulta ser nuestra última reunión. Es con un competidor directo, y más grande, de nuestro primer prospecto, con 4.000 millones de dólares en ventas anuales. La reunión resulta tan exitosa como las anteriores. Tratan de concertar una reunión con su presidente. El director de compras dice que se pondrá en contacto con sus 4.000 proveedores y se asegura de contar con todos los materiales del seminario.

En mi vuelo rumbo a casa en Israel, decido hacer mi mejor esfuerzo por asegurar que todos los altos gerentes del Grupo Goldratt se unan. Sin importar qué tengan programado para los días 19 y 20 de julio, deberán venir a mi oficina en Holanda.

Nosotros, que les advertimos a todos nuestros clientes que capitalizar una ventaja competitiva conduce inevitablemente a un incremento en ventas, y que si no están preparados para él, pueden fácilmente destruir la ventaja competitiva de la compañía... *Nosotros*... ¡no hemos aplicado lo que predicamos!

Estoy profundamente decepcionado de mí mismo.

19 de julio. Todo el mundo está en Holanda. Dentro de cinco minutos comenzamos. Rápidamente reviso mis e-mails. El de Thomas me pega directo en medio de los ojos.

Ha logrado contactar solo a dos de las tres empresas minoristas con las que nos habíamos reunido. Ambas le han informado que no están listas todavía para programar una junta con su presidente; y que hasta no saber más del contenido de mi seminario, no van a abordar a sus proveedores. En retrospectiva, esto es lo que uno espera del director de una gran compañía: la mentalidad cautelosa, enemiga de los riesgos y en busca de pruebas.

Pero ahora, tres minutos antes de iniciar esta reunión con toda la gente del primer nivel del Grupo Goldratt, no tengo el tiempo ni la paciencia para la retrospección.

En este momento, generalmente hay que elegir entre dos opciones. Una es comportarse como un chiquillo cuyo juguete favorito le fue arrebatado, o como un adulto que viene a recoger el primer premio de la lotería, solo para descubrir que le ha fallado por un número. En pocas palabras, adoptar la actitud de "la vida es cruel y luego te mueres".

La otra posibilidad es analizar dónde estamos parados; percatarnos de que en las últimas tres semanas:

1. la realidad nos demostró inequívocamente y sin lugar a dudas cuál tiene que ser nuestro mercado más perfecto: el comercio minorista;
2. la realidad nos acaba de señalar cuál es el multiplicador más poderoso: el comerciante conduce a numerosos proveedores.

En suma, la realidad nos acaba de presentar un modo muy efectivo de capitalizar la ventaja competitiva que ya nos hemos creado.

Además,

3. la realidad nos acaba de salvar de morir sepultados por una avalancha;
4. todos los ingredientes están alineados para que podamos obtener lo que hemos deseado y más, de manera planificada y controlada.

Es decir, la realidad nos acaba de poner de relieve lo importante que es planificar nuestras acciones para asegurarnos un crecimiento exponencial sostenido.

Dos opciones: una es refunfuñar por la realidad y la otra es cosechar los dones que nos acaba de conceder. Eso es lo que yo llamo *libertad de elección*. La decisión es nuestra.

Nos pasamos los siguientes dos días construyendo el (ahora obvio) proceso para capitalizar y sostener. Pero eso será tema de otro informe.

NOTAS DE EFRAT

Capítulo 1. ¿Qué decisión tomar?

- Tengo que ser honesta: ¿qué es lo que realmente quiero, una vida fácil o una **vida plena**?
- Asumiendo que elija esforzarme por una vida plena, ¿qué significa? Significa que daré lo mejor de mí para conseguir **los éxitos que hagan falta** para hacerla significativa.
- El éxito no está garantizado. Es probable que caiga de bruces cada tanto. Si de verdad quiero conseguir éxitos, es mejor que desarrolle **resistencia** para levantarme e intentarlo de nuevo.
- Papá considera prototipos a las nuevas iniciativas que, como dicen los científicos, probablemente fallen, pero siguen siendo benéficas si aprendemos de ellas cómo hacerlo mejor la próxima vez. No sé si puedo evitar desilusionarme cuando falle. Pero si quiero desarrollar resistencia para sobreponerme al fracaso, parece que pensar como un científico, pensar claramente, puede ayudar.

Deseo de alcanzar una vida plena.
↓
Obtener suficientes éxitos significativos.
↓
Tener resistencia para sobreponerse al fracaso.
↓
Ser capaz de pensar claramente.

- Si quiero tener los suficientes éxitos, hay algo más que necesito. Necesito encontrarme con muchas **oportunidades**. Después de todo, no puedo esperar que todas las oportunidades se vuelvan un éxito.
- Tiendo a creer que el hecho de que una persona tenga suficientes oportunidades no depende solamente de

él o ella. Hay gente **con suerte** que encuentra muchas oportunidades, aunque la mayoría encuentra pocas.

- Pero papá piensa que la vida le presenta a todos un cauce de situaciones que pueden convertirse en oportunidades. Él dijo que la cuestión no es la disponibilidad de oportunidades sino la **habilidad de cada persona para reconocerlas (¿generarlas?)** cuando se presentan.

- Cuando una persona tiene un entendimiento profundo de **las causas y efectos** de un asunto, está mejor preparado. Preparado en el sentido de que, cuando una oportunidad se presente, es probable que esta persona pueda reconocerla y actuar. Esto es lo que papá llama "la buena suerte es una oportunidad más preparación". Esto suena interesante. De seguro va a darme más control sobre mi vida en vez de dejarlo librado a la suerte. He visto cómo le funciona a él pero me pregunto si funcionará también para mí.

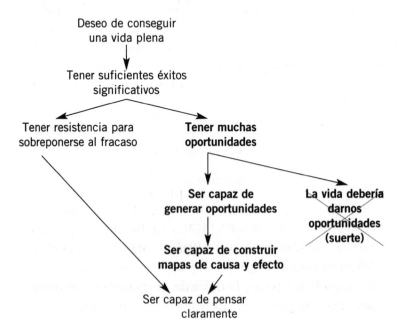

- Construir mapas de causa y efecto es la esencia del **pensamiento claro**. Así que parece que, para desarrollar resistencia y estar mejor preparado para reconocer oportunidades, uno debería desarrollar su capacidad para pensar claramente.

Recién ahora comienzo a entender lo que papá viene diciéndome hace mucho tiempo. Dice que la mejor elección que ha hecho es la de pensar claramente en cada área que es importante para él –familia, amigos y trabajo. Me estaba diciendo, en esencia, lo comprometido que estaba a vivir una vida plena.

- No creo que pueda hacerlo. No soy un **genio**, soy una persona normal. No tengo las habilidades mentales para construir estos mapas lógicos claros.

- Papá dice (obviamente) que no se trata de ser un genio. Dijo que se trata de superar ciertos obstáculos fundamentales. Le va a costar mucho convencerme de que es así.

- Dijo que el primer y más profundo obstáculo es que la gente ve la realidad como algo muy **complejo** cuando la verdad es que puede ser sorprendentemente simple.

- Debido a esto, buscan explicaciones sofisticadas y complicadas. Estoy de acuerdo en que buscamos **soluciones complicadas**. Lo veo todo el tiempo.

- También me doy cuenta de que se relaciona con la creencia de la gente de que no pueden actuar porque no saben lo suficiente, lo que los lleva a perder mucho tiempo buscando **más y más información**. Como algunos de mis amigos que, cada vez que se les presenta una oportunidad, reaccionan anotándose en un curso.

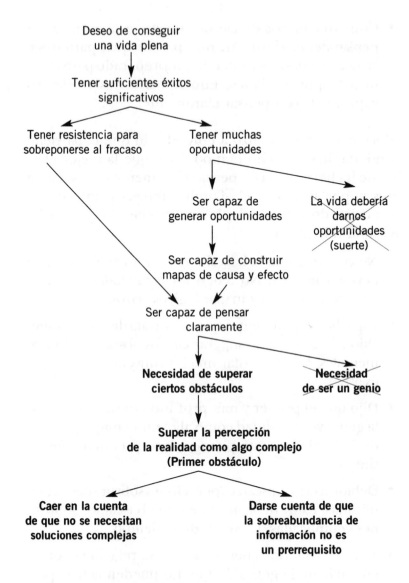

Creo que la realidad es compleja y que no nos queda más opción que buscar mucha más información para crear planes complicados. ¿Puede ser que papá tenga razón al decir que está todo en nuestras cabezas? ¿Puede ser que, en realidad, las cosas sean simples y que la culpa esté en nuestra percepción de ellas? ¡Vaya! Va a ser necesario mucho esfuerzo para convencerme de que está todo en mi cabeza. Para comenzar, me gustaría verlo elegir un caso complicado y que me muestre, una vez que nos hayamos tomado el tiempo de analizarlo, que en realidad es simple. Además, quiero ver cómo lo hace sin enviarme a realizar un estudio del caso. Cree que puede hacerlo solo con el artículo que acaba de mandarme a leer. Tengo mis dudas.

Capítulo 3. ¿Por qué el sentido común no es práctica común?

La operación de la compañía de indumentaria seguramente representa mi idea de cuán compleja puede ser la realidad. Sin embargo, debo admitir que, una vez que leí el artículo, la impresión que tuve fue un poco diferente.

- Sobre la base de lo complicada que debe de ser una organización así, mis supuestos originales fueron que no entendería mucho si no investigaba un poco más al respecto y, una vez que tuviera suficiente información sobre lo que estaba sucediendo, ratificaría que para operar en una organización tan compleja hacen falta procedimientos complejos.

Mi percepción antes de leer el artículo:

La realidad es altamente compleja

Casi no tengo información

Los procedimientos actuales no son simples

- Parece que, contrariamente a lo que yo creía, sí tenía la mayor parte de la información relevante que necesitaba para seguir y entender un análisis; después de todo, al ser la orgullosa compradora que soy, tengo más conocimiento general que en, digamos, semiconductores. Pero entiendo por dónde viene el asunto. Debo reconocer que tengo más información de la que creo tener, y la falta de información probablemente no sea lo que me impide pensar con claridad.

- Además, empiezo a ver cómo la idea de la gente de que la realidad es compleja, los lleva a idear procedimientos complejos. Toda la idea de operar de acuerdo con un vago informe que se supone que predice lo que va a usarse dentro de un año y medio parece casi retorcida. Especialmente ahora que estoy al tanto de la forma alternativa que se me presentó por medio del artículo. Ahora que lo pienso, también creo que sus esfuerzos por reducir múltiples costos son probablemente más complejos que enfocarse en una sola mejora sin que importe cuán grande sea. Y a juzgar por las cantidades de dinero involucradas, debo admitir que la solución propuesta por papá es, de lejos, más simple y **poderosa** que todos sus esfuerzos de mejoras combinados.
- Comienzo a darme cuenta de qué decía papá cuando indicaba que, una vez descifrados las causas y los efectos subyacentes, la realidad parece relativamente **simple**.

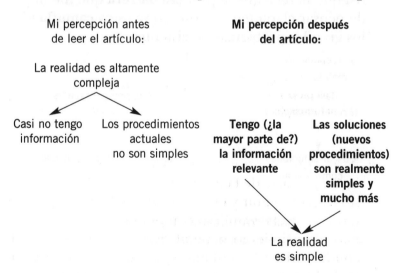

Así que, ¿qué me impide aplicar este pensamiento en mi vida? Tengo la sensación de estar enfrentándome a un

sinnúmero de barreras. Papá dice que todo empieza con mi percepción de que la realidad es compleja.
Veamos:

- Creo que la realidad es **compleja**, por lo que creo que los problemas, especialmente los grandes, son complejos. Y en los casos en los que debo buscar una solución, naturalmente, buscaré una **complicada**.

- El tema es que, generalmente, las soluciones complicadas **no funcionan**, por lo que una y otra vez, fallo en dar solución a estos problemas.

- Con razón termino pensando que los problemas grandes son irresolubles, que debería aceptarlos como parte de la realidad y seguir adelante. Sin embargo, siguen doliendo así que, ¿por qué no terminar con el dolor poniéndoles un color positivo? Aquí entran en acción los buenos antiguos mecanismos protectores. Así que parece que **la primera barrera** que me impide pensar claramente es que yo ya estoy **camuflando** los grandes problemas persistentes.

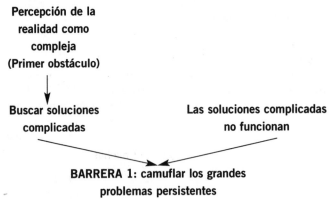

- Aceptar los grandes problemas como algo natural es aceptar **expectativas más bajas**.

- Ahora, si camuflo los grandes problemas pero sigo buscando mejorar las cosas, por defecto, me focalizo en los **problemas pequeños,** cuantos más mejor.

- Pero tratar con problemas menores en vez de con los grandes no me lleva muy lejos: a pesar de mis esfuerzos solo llego a resultados limitados. Por lo que lenta pero confiadamente, **bajo mis expectativas** al nivel de lo que puede alcanzarse.

- Pensándolo bien, la percepción de la realidad como compleja tiene otro impacto en mí. Pone el temor en mi corazón de que si cambio cosas fundamentales el infierno puede soltarse. Mejor tener cuidado y no pena. El resultado es la **segunda barrera** que me bloquea: soy **reticente a cambiar cosas de base.**

- Las bajas expectativas llevan a otro efecto: soy feliz con cualquier mejora, por lo que ni se me ocurre seguir intentándolo cuando llego a una buena solución. Esta es otra barrera, la **tercera: me detengo** cuando llego a una buena solución.

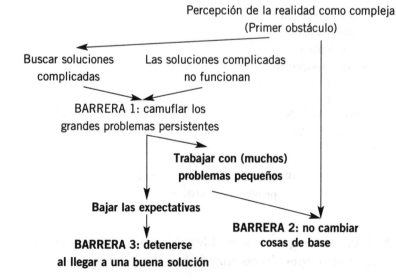

Me siento orgullosa de haber podido verbalizar tres barreras específicas para hacer lo que hizo papá:

1. incapacidad de ver los problemas camuflados,
2. evitar desafiar las cosas de base y
3. una vez que llego a una solución excelente, no me motiva explorar una solución aún mejor.

La percepción de que la realidad es simple, ¿cómo puede ayudarme a superar cualquiera de estas tres barreras?

Capítulo 4. Simplicidad Inherente

Cuando pregunté: "¿Qué puede ayudar a una persona a pensar claramente?" papá dijo que se trataba de aceptar el concepto de la Simplicidad Inherente. No tiene sentido traer mis tres barreras todavía. Mejor sigo su guía para tener una idea completa. Tengo el presentimiento de que, dentro de poco, todas las piezas caerán en su lugar.

¿Cómo puede ser que yo esté tan convencida de que la realidad es compleja y papá esté seguro de que es simple? Papá dice que es porque tenemos una predisposición diferente, un enfoque distinto, cuando usamos la palabra "simple".

- Cuando pienso en lo que significa "simple", me doy cuenta de que mi definición depende de mis intentos de **describir** una situación, un problema o cualquier otra cosa.

- Cuantos **menos componentes** necesito para describir y obtener una buena imagen, más simple parece ser.

- Para describir una porción de la realidad generalmente necesito muchos detalles, que suelen ser difíciles de acomodar para obtener una buena imagen. No me sorprende que piense que la realidad es **compleja**.

Enfoque principal:
descripción

↓

Simple significa menos
componentes

↓

Percepción de la realidad
como compleja
(Primer obstáculo)

- Papá dice que para él "simple" significa algo muy distinto. Tiene que ver con los intentos de los científicos de entender mejor los sistemas/situaciones y poder **predecir** los efectos de un cambio.

- Para lograr un mayor entendimiento, los científicos pasan gran parte de su tiempo develando las relaciones de causa y efecto que conectan los diversos componentes de un sistema. Cuantas **menos causas de raíz** (menos grados de libertad), más simple es un sistema para ellos. Para ellos "simple" significa que se necesita tocar menos puntos para modificar todo el sistema.

Pensándolo bien, estoy mucho más interesada en poder predecir el impacto que algo tendrá en mi realidad, que solo en describirlo. Y creo que lo mismo les pasa a todos los que conozco.

- Uno de los aspectos más importantes de la Simplicidad Inherente es que, una vez que preguntamos "¿Por qué?" las veces suficientes y lo preguntamos acerca de distintos campos de un mismo tema, poco a poco descubrimos que los diversos campos se explican, en el fondo, por los mismos "porque" –**las causas convergen**.

- Así que, si "simple" significa menos causas y cuanto más profundo indagamos vemos cómo las cusas convergen, entonces es inevitable llegar a la conclusión de que la realidad es realmente **simple**.

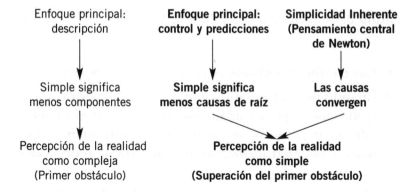

Creo que empiezo a entender. La realidad puede ser percibida como compleja y simple al mismo tiempo. Supongamos que encuentro una situación problemática y, para entenderla, todo lo que hago es buscar tanta información como pueda –cuantos más detalles, quejas y efectos indeseados escucho, más compleja se vuelve la imagen. Pero si aprendo a bucear hasta lo que está causando los efectos indeseables en la situación problemática, sería de esperar que las causas comiencen a converger y terminaré focalizada en el problema central que necesito arreglar. Si alguna vez aprendo a hacerlo de manera sistemática, las situaciones comenzarán a parecer mucho más simples.

Capítulo 5. Contradicciones y conflictos

- Los **conflictos existen**. No cabe duda al respecto.
- Cuando nos enfrentamos a un conflicto, nuestra reacción natural es buscar un arreglo. Algo en el medio –dar algo para obtener algo. Yo, definitivamente, lo hago y también lo hace la mayoría de la gente que conozco.
- Si encontramos un arreglo aceptable, bien. Si **no encontramos un arreglo aceptable**, nos trabamos. Tal vez tiremos para nuestro lado o decidamos abandonarlo, o saltemos de una forma a otra de manejarlo, pero en esencia estamos atascados en una situación en la que no deseamos estar. Y por muy vergonzoso que parezca, nos atascamos más seguido de lo que admitimos.
- Por eso, la percepción común es que **los conflictos están dados** y nosotros debemos vivir con ellos. Esta aceptación de los conflictos como un hecho de la vida es a lo que papá se refirió como el segundo obstáculo para pensar claro.

- Uno de los aspectos centrales de la Simplicidad Inherente es **que las contradicciones no existen.**
- Cuando nos encontramos con una contradicción, la desafiamos. La descubrimos y verificamos cuáles son las supuestos subyacentes hasta que encontramos cuál es la **supuesto erróneo.** Reemplazar ese supuesto erróneo desecha la contradicción.
- Lo que necesitamos recordar acerca de los conflictos es que son situaciones en las que deseamos dos cosas que están en contradicción; los conflictos son el deseo de obtener dos cosas que son mutuamente excluyentes. Quiero la situación que contenga X y mi oponente quiere lo opuesto. O, si es un conflicto interno, para satisfacer diferentes necesidades quiero X y su opuesto al mismo tiempo.
- Así que, si los conflictos son situaciones en las que queremos diferentes cosas y las contradicciones pueden desecharse al desafiar los supuestos de base, entonces podemos tratar los conflictos de la misma manera como tratamos las contradicciones. Debemos hacernos a la idea de que cuando nos encontramos con un conflicto para el que no podemos encontrar un arreglo satisfactorio, debemos hacer el esfuerzo de desafiar sus supuestos subyacentes. Más que ceder, deberíamos encontrar una forma de **deshacernos del conflicto.**
- Pensando en lo que acabo de escribir, cuando no logramos un arreglo aceptable para un conflicto, es cuando nos sentimos bloqueados. En estas situaciones deseamos encontrar una salida y, por eso, entender cómo deshacernos de este conflicto es una **salida.** Cuanto más grave es el conflicto, mayor será la salida y mayor será la oportunidad. No importa si surgen en el trabajo, en la familia o en cualquier otra

área importante; desarrollar este tipo de pensamiento como forma de vida debería ser una buena manera de generar **oportunidades significativas.**

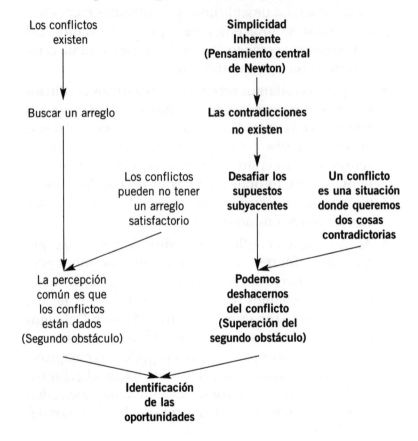

Capítulo 6. Pongamos la creencia a trabajar

Es innecesario decir que estoy sorprendida. Parece que papá nunca tuvo que superar las tres barreras hacia el pensamiento claro por las que yo tuve que pasar. De verdad no las experimentó. Y tenía razón. Todo se reduce a su percepción de que la realidad es simple o, en las palabras que a él le gusta usar, a su creencia en la Simplicidad Inherente.

- En la forma en que papá lo explicó, si aceptamos el concepto de **Simplicidad Inherente**, debemos aceptar la forma en que se refiere a los conflictos: al bucear hasta la raíz de una situación problemática, deberíamos encontrar que el problema central es un conflicto que no fue resuelto. Después de todo, los conflictos agónicos que no tienen una buena solución tienden a terminar creando grandes problemas persistentes. Los ejemplos no dejan de aparecer en mi cabeza.

- La creencia en la Simplicidad Inherente además nos lleva a creer que el conflicto puede **ser resuelto** al desafiar uno o más de los supuestos subyacentes.

- Por lo que, darse cuenta de que los conflictos están en la base de un problema y que pueden ser resueltos significa, de hecho, que los grandes problemas persistentes pueden ser **eliminados**.

- Y si los grandes problemas persistentes pueden ser eliminados, no terminaremos combatiéndolos amargamente y perdiendo, para luego tener que aceptarlos como parte de la realidad. No necesitaremos evitar el dolor **camuflándolos**.

- Otra de las consecuencias de darse cuenta de que los conflictos están en la raíz y que pueden ser eliminados es que **buscar** estos conflictos se vuelve un procedimiento estándar. Cuando encontramos un problema que es bastante grave y amerita ser considerado seriamente, lo estándar debería ser ir a buscar lo que está en la base del problema: identificar la causa de base.

- Como papá lo explicó, los problemas pequeños tienen uniones más débiles a la causa de base que los grandes problemas persistentes. Por lo que parece que comenzar a buscar la causa de base a partir de los problemas grandes es un camino **más corto** y un esfuerzo más productivo.

- Ahora todo encaja: si el procedimiento estándar es buscar la causa de base y los grandes problemas persistentes son el camino más corto, y no hay necesidad de camuflar estos problemas, entonces comprendo por qué papá estaba tan **ansioso** por identificarlos. Literalmente puso todos los otros problemas a un lado y se focalizó en los grandes. *Touché.* Él solo me mostró cómo, para él, a causa de su creencia en la Simplicidad Inherente, el opuesto exacto a la barrera uno, existe.

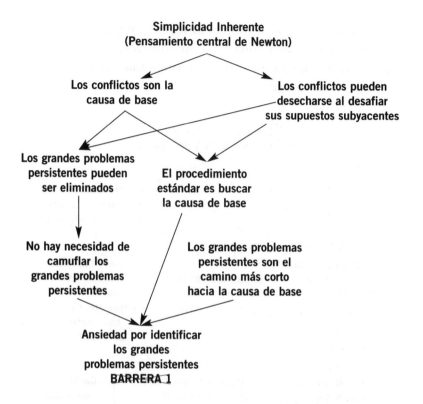

- Una cosa más deriva de darse cuenta de que los conflictos están en la base y de que pueden ser eliminados. El hecho de que eliminar los conflictos se hace desafiando los supuestos en la base de los conflictos significa que estamos dándonos cuenta de cosas que son incluso más profundas que los conflictos. Vamos a la raíz de las raíces. Por lo que, de manera inevitable, se hace un procedimiento estándar el cambiar las cosas que están en la **base**. Mi segunda barrera acaba de volarse por la ventana.

- Cuanto más fundamental sea el cambio, deberíamos esperar las ramificaciones más interesantes. Tiene sentido. Conociendo a mi padre, no me sorprende que haya seguido **explorando**. Es posible que se haya encontrado con ramificaciones negativas que habrían significado un cambio en su solución pero, en este caso, terminó con dos soluciones más. ¿Cuál era mi tercera barrera?

Todo parece tan simple cuando papá lo explica. ¿Por qué tengo la sensación de que, en lo que a mí respecta, estas tres barreras están todavía vivitas y coleando? El entrenador de papá dijo: práctica, práctica, práctica. Papá nunca dijo que alcanzar una vida significativa sería fácil.

   ¿Cuál es el ángulo importante que todavía estoy perdiendo de vista?

Capítulo 7. Armonía

Mientras papá me convencía de discutir el concepto de armonía para entender el tercer obstáculo que impide pensar claramente, algo de lo que dijo me impactó. Él dijo: "siempre que vayas detrás de una oportunidad prometedora, vas a necesitar la ayuda de mucha gente". Horas antes, cuando hablamos de lo que se necesita para tener una vida plena, papá había mencionado dos condiciones necesarias para alcanzar el éxito: una era tener resistencia para sobreponerse a los fracasos y la otra, encontrarse con muchas oportunidades. Parece que acaba de mencionar una tercera condición, lo que significa que tengo que volver a aquel mapa lógico y agregarle una pieza.

- Si quiero alcanzar los suficientes éxitos significativos, voy a necesitar la **colaboración** de los otros. Escoger con cuidado a nuestros compañeros o a la audiencia es altamente recomendable pero no siempre posible. Mientras lo pienso me doy cuenta: cuanto más grandes sean mis aspiraciones, necesitaré colaborar con más gente y tendré menos libertad para elegirlas. Por lo tanto, cuanto más alta sea la aspiración, más vital será la habilidad para asegurar la colaboración.

- Aun cuando sabemos con quiénes necesitamos colaborar e incluso si tenemos las mejores intenciones al procurar que vengan con nosotros, no siempre tenemos éxito. Muchas veces la otra parte no está de acuerdo con lo que ofrecemos o están ocupados con sus propios asuntos o... Papá dice que **pensar claramente** ayuda a solicitar colaboración en todos los casos, incluso cuando el punto de partida es una situación no-armónica y la otra parte tiene la culpa. ¿En serio?

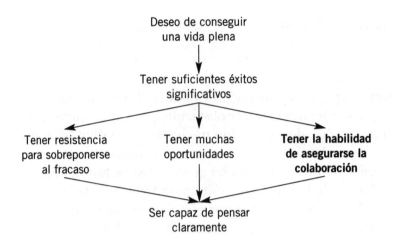

- Papá habla de una situación en la que estamos en una relación **no-armónica** con alguien más.

- Lo que es más, se refiere a esas situaciones en las que la falta de armonía se debe a la **culpa** de la otra parte.

- ¿Qué hacemos? Naturalmente, los **culpamos**.

- Entonces buscamos una solución en **la dirección en la que señala la culpa**: presionamos a la otra parte para que cambie su comportamiento de manera tal que arregle el problema.

- La experiencia (y algunas cicatrices emocionales) muestra que tales intentos de forzar a alguien (con quien ya no estamos en buenos términos) a estar a la altura de nuestras demandas, no serán bienvenidos. Ellos van a devolver la presión y nosotros lo intentaremos con más energía y, después de unas cuantas idas y venidas, el más fuerte terminará ganando. Esta dinámica tiende a **deteriorar** aún más la relación, haciendo que el próximo asunto que surja entre nosotros sea todavía más difícil de solucionar. No es una buena situación por donde se la mire.

- Uno de los aspectos centrales de la Simplicidad Inherente es que la realidad es **armoniosa** consigo misma. Armonía significa acuerdo y concordia. Es un total agradable.

- ¿Qué significaría esto cuando se trata de relaciones? Papá quiere que yo acepte que toda relación tiene el **potencial inherente** de ser armoniosa.

- Entonces, por un lado, culpar nos lleva a forzar al otro a cambiar sus formas, lo que no va a querer hacer (y lo sabemos), y empeorará la relación. Por otro lado, de acuerdo con la Simplicidad Inherente, hay, además, mejores soluciones que llevarán armonía a la relación. Si esto es así, comprendo cómo culpar nos lleva en la **dirección equivocada**.

- Piedra angular: si culpar nos lleva sistemáticamente a buscar soluciones en la dirección equivocada, puedo entender por qué papá lo entendió como un **obstáculo** para pensar claramente. (Ver mapa de la página siguiente.)

Por mucho que pueda apreciar la lógica, no enmascara el hecho de que está todo construido sobre un axioma que encuentro muy difícil de tragar. Creo que, tanto en mi vida personal como en la profesional, estoy constantemente buscando relaciones armoniosas. Sí, en algunas ocasiones el barro de los sentimientos negativos es tan espeso que las partes involucradas ni siquiera tienen ganas de buscar un acuerdo sobre la solución. Pero otras veces estamos buscando, de verdad buscando, y a pesar de nuestros esfuerzos no encontramos un acuerdo. Honestamente pienso que, en esas ocasiones, una solución ganar-ganar no existe. No todas las relaciones se concretan. Pero papá dice que toda relación tiene el potencial de ser armónica. Bueno, tal vez en la teoría. En mi experiencia, esta afirmación es tan poco probable que no la voy a aceptar solo porque papá lo dice. Antes de que considere incluso cambiar de opinión, voy a necesitar un ejemplo decisivo. Quiero ver que la armonía puede encontrarse incluso en situaciones imposibles. Y aún más, quiero ver cómo la creencia en la Simplicidad Inherente me capacitaría para encontrar esta armonía elusiva.

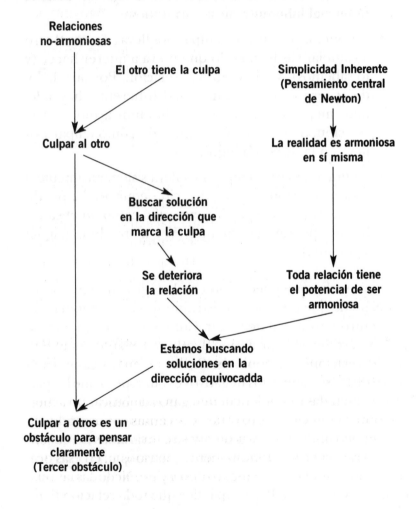

Capítulo 9. Ganar-ganar

"Un cambio que llevará a las partes a conseguir lo que cada una necesita de la relación", "Tiene que ser presentado con mucho cuidado", "Comenzar buscando la ganancia del otro", "Buscar una ganancia diferente pero no menos importante".

Mi mente se acelera. Demasiadas ideas que me gustaría pensar durante un tiempo. Quiero comenzar por entender el mensaje principal.

Vuelvo al mapa lógico:

- En una relación no-armónica hay muchos **efectos indeseables**. Claramente.

- La causa de un efecto indeseable es un **conflicto**. Esta afirmación no es tan obvia como la anterior. Cuando papá me habló de ese axioma hace años, me pareció bastante sorprendente. Desde entonces, pude verificarlo varias veces: sin importar si se trata de relaciones o asuntos personales, cada vez que escarbo en las raíces de un efecto indeseable, encuentro un conflicto.

- Ya mencionamos que uno de los aspectos fundamentales de la Simplicidad Inherente es que las **causas convergen**.

- Entonces, si en las relaciones no-armónicas hay muchos efectos indeseables y sus causas son conflictos, causas que convergen, entonces, invariablemente, en la raíz de todo este lío encontraremos un **conflicto**. Usualmente, un conflicto serio y crónico.

- El conflicto dispara la **culpa**. No obtenemos lo que queremos y se debe a esa molesta y desconsiderada contraparte.

- Si la causa central de una relación no-armónica es un conflicto y los conflictos disparan la culpa, entonces, es esperable que en una relación no-armónica uno (generalmente los dos) **tienda a culpar**.

- También mencionamos que otro de los aspectos fundamentales de la Simplicidad Inherente es que los conflictos pueden ser **descartados**.

- Papá está tratando de convencerme de que si la causa de las relaciones no-armónicas es un conflicto y todos los conflictos pueden ser descartados, entonces incluso las conflictos crónicos en el fondo lodoso de las relaciones no-armónicas pueden ser descartados. La solución **ganar-ganar** que puede hacer armónica la relación, existe. Por mucho que lo encuentre difícil de creer, me lo acaba de mostrar en un ejemplo que yo pensé que era un callejón sin salida, en lo que respecta a la armonía. Eso fue una verdadera revelación.

- Hablando de revelaciones, el artículo de papá me mostró algo más: hasta qué punto, **culpar enmascara** las obvias soluciones ganar-ganar.

- Ahora veo lo que trataba de decirme: si una solución ganar-ganar que puede hacer armónica la relación existe, pero nosotros tendemos a culpar (lo cual enmascara las obvias soluciones ganar-ganar), no sorprende que no encontremos dichas soluciones. Ni siquiera pensamos en esa dirección. Culpar, después de todo, es un obstáculo para **pensar claramente**.

- ¿Cómo hacemos para superar este obstáculo? Si actuamos con la convicción de que las soluciones ganar-ganar existen y estamos programados para ocuparnos de nuestra ganancia, entonces suena sensato que comencemos por encontrar **un ganar para la otra parte**. Para evitar ir directo hacia el conflicto de nuevo, deberíamos buscar un ganar que no sea parte del conflicto.

Debería pensarlo un poco más antes de seguir leyendo el artículo.

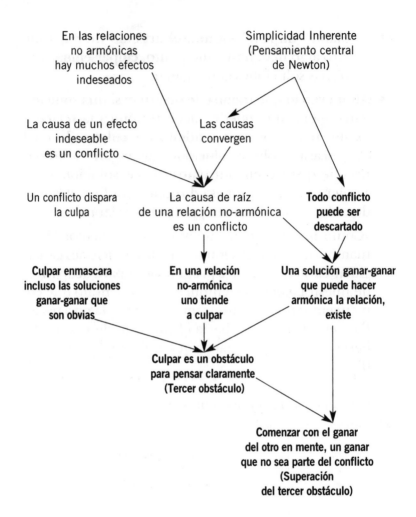

Capítulo 11. ¿Cuántas oportunidades hay?

- Comencemos con un caso común: estamos en una determinada situación familiar, desde hace un tiempo. Hemos trabajado duro (o no) para mejorar esta situación y sentimos que hemos hecho casi todo lo posible. **"Conocemos"** la situación.

- Por supuesto que estamos de acuerdo con la percepción común de que siempre es posible **mejorar** más las cosas.

- Pero somos realistas: en una situación que conocemos, una mejora mayor significa toques finales, modificaciones, **pulidos**.

- Nadie espera mucho más progreso en esta etapa. Se espera que las mejoras contribuyan pero cada vez menos; producen **cada vez menos resultados**. Eso es la realidad (o, al menos, mi percepción de la realidad).

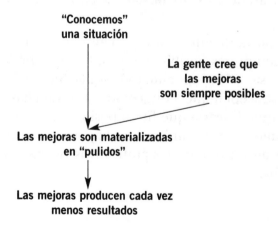

- Pero a juzgar por la forma en que papá habla y se comporta, a juzgar por su aparente impaciencia hacia los rendimientos decrecientes, mi impresión es que su punto de partida es que una **salida** siempre es posible.

- Por definición, una salida resulta en un **avance enorme** en el desempeño.

- Esto significa que, contrario al pensamiento tradicional (aquel de los rendimientos decrecientes), papá seguramente cree que un gran avance en el desempeño siempre es posible.

Estoy lejos de aceptarlo pero quiero entender la imagen a través de sus ojos y, por lo tanto, estoy explorando las ramificaciones:

- Claramente, contentarse con rendimientos decrecientes origina nuestra creencia de "conocer" la situación. Entonces, si papá tiene razón y un gran avance siempre es posible, parece que la percepción de que "conocemos la situación" nos está impidiendo buscar el gran avance, es un **obstáculo** para pensar claramente.

- Más importante aún, si un gran avance en el desempeño siempre es posible, eso significa que podemos mejorar significativamente toda situación que hemos llegado a aceptar que "conocemos". Hay muchas situaciones que desearía que fuera posible mejorar significativamente. Eso implica que hay más **oportunidades** de alcanzar logros significativos de las que yo esperaba.

"Conocemos"
una situación

La gente cree que
las mejoras
son siempre posibles

**Una salida siempre
es posible**

Las mejoras son
materializadas
en "pulidos"

**Las salidas resultan
en grandes
avances en el
desempeño**

Las mejoras producen
cada vez
menos resultados

**Un gran avance
en el desempeño
siempre es posible**

**Percibir que sabemos es un
obstáculo para pensar
claramente
(Cuarto obstáculo)**

**Las oportunidades
están en todos
lados**

Todo el castillo de cartas lógico está construido sobre el supuesto de que papá tiene razón y de que el resto de nosotros estamos equivocados. Con todo respeto: necesito una prueba. Una prueba fehaciente que me demuestre que incluso en una excelente situación que creemos "conocer", una salida es posible. Me alegro de que papá haya tenido el tiempo de mandarme un artículo antes de irse de viaje de negocios. Tengo curiosidad por empezar a leerlo.

Capítulo 13. El cielo no es el límite

- A primera vista, parece que el remedio al primer obstáculo (nuestra tendencia a pensar que nosotros "conocemos la situación") es solo combatirlo. A segunda vista, no es para nada simple. Sólo pensar que debemos tener cuidado de no pensar que "conocemos la situación" no va a llevarnos lejos. Hay una necesidad de ser más específicos aquí: ¿en qué situaciones la convicción de que "conocemos la situación" nos bloquea y cómo se supone que debemos tener cuidado?

- Asumamos que hicimos algo, implementamos cierto cambio, no importa en qué área, y funcionó. No logramos los resultados que habíamos pensado originalmente, pero funcionó. Nuestra reacción típica es aceptar las cosas como son y seguir adelante. Desestimamos la diferencia entre nuestras expectativas originales y los resultados reales del cambio. Pero, para seguir el ejemplo de papá, lo que deberíamos hacer es lo opuesto: deberíamos focalizarnos en esa diferencia. Deberíamos detenernos y examinar esos **resultados inesperados**: si son significativamente más bajos de lo esperado, significa que hemos olvidado algo y que deberíamos investigar. Lo interesante es que la misma lógica se aplica si los resultados son sorprendentemente **buenos**. Toda desviación significativa de las expectativas originales significa que no comprendimos la situación completamente y deberíamos detenernos a examinar los resultados. Que fue lo que hizo papá cuando vio que las ventas del pan eran mucho más altas de lo que había esperado.

- Preguntarnos cómo pudimos llegar a esos resultados inesperados va a penetrar en nuestros supuestos y, con el tiempo, revelará el supuesto equivocado que nos llevó a la diferencia entre el resultado y la expectativa. El supuesto debería ser **desafiado**. Desafiar los supuestos erróneos va a revelar la forma de mejorar. Cuando papá se dio cuenta de que el conservadurismo todavía estaba presente en la reticencia del dueño a quedarse con hogazas sin vender, se le ocurrió la idea de aceptar esas hogazas de vuelta como reembolso. Esta idea mejorará los resultados mucho más adelante.

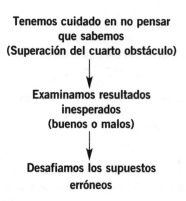

Tenemos cuidado en no pensar
que sabemos
(Superación del cuarto obstáculo)

Examinamos resultados
inesperados
(buenos o malos)

Desafiamos los supuestos
erróneos

- Desafiar el supuesto erróneo y corregirlo no significa que ya podemos sentarnos en nuestros laureles. La diferencia entre resultado y expectativa fue una sola ramificación del supuesto erróneo y su corrección usualmente llevará a varias ramificaciones. Deberíamos seguir teniendo cuidado de no pensar que conocemos la situación, sino que necesitamos estar abiertos a **repensar todo**.

- No podemos apegarnos a cosas que decidimos o hicimos solo porque funcionaron. Después de hacer un cambio adicional debemos **volver** y chequear todas las ramificaciones del nuevo cambio y ver si todo encaja. ¿Esperamos ahora obtener todos los resultados deseados? ¿Hay necesidad de un cambio adicional o complementario? ¿Es posible que, una vez implementado el cambio, muchos de los viejos procesos/ soluciones ya no sean necesarios y podamos prescindir de ellos? Ser prudente y de verdad verificar todas las ramificaciones de un nuevo cambio puede, a veces, conllevar sorprendentes revelaciones. Cuando papá se tomó el tiempo para hacerlo, pronto notó que al aceptar las hogazas a cambio de un reembolso ya no había necesidad de dos entregas al día. No me habría dado cuenta si no me hubiera forzado a buscar las ramificaciones.

- E incluso después de repensarlo todo, a papá no le alcanzó. Para él, ser cuidadoso en no pensar que conoce la situación tiene incluso otro nivel. Tuvo **curiosidad** de saber las ramificaciones del cambio planeado.
- Lo que dijo es que cada solución está creando una nueva realidad. Una nueva realidad significa nuevas posibilidades en las que no habíamos pensado antes porque no existían en la realidad previa. Dijo que le interesaba ver qué nuevas **ventajas** tenía ahora esta compañía y cómo se podía hacer mejor uso de ellas.
- Releo el mapa lógico frente a mí y me doy cuenta de algo: cuando estaba construyendo el castillo de car-

tas sobre las palabras "nunca creas que conoces una situación" tuve la impresión de que para papá nunca nada era suficiente y de que cree que una salida siempre es posible. Pero solo ahora me doy cuenta de lo sistemático que es al respecto. De verdad cree que toda situación, sin importar lo buena que sea desde el comienzo, puede ser significativamente mejorada. Toma una diferencia en un proyecto que dio buenos resultados, la analiza y encuentra una manera de mejorarla todavía más, re-examina el cambio que introdujo y encuentra otra forma de mejorar para, finalmente, analizar la nueva realidad creada después de las mejoras y encuentra nuevas ventajas para capitalizar. Puedo ver con claridad por qué cree que las oportunidades están **en todos lados.**

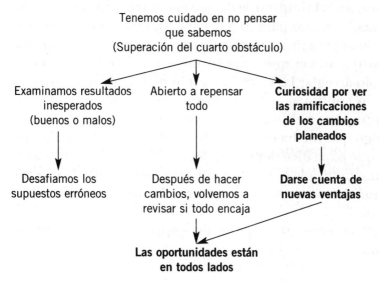

Debo admitir que en este mismo momento, cuando miro a mi alrededor, no veo oportunidades apareciendo por todos lados. Tampoco puedo analizar las situaciones al punto de ver cuán simples son ni encontrar soluciones armoniosas sin esfuerzo. En este momento, son solo deseos para mí. Pero de alguna manera, después de la conversación con papá en el coche, me siento optimista. De hecho, me siento mucho más optimista que antes. ¿Qué sucede? Él construye rascacielos de cartas en el aire, para sus futuras soluciones incluso el cielo no es límite alguno, ¿y eso me hace sentir optimista?

¿Detecto una diferencia entre el escepticismo que debería estar sintiendo y el optimismo que me agarró por sorpresa? Papá dijo algo acerca de examinar los resultados inesperados. ¿De dónde viene el sentimiento positivo? No viene de la confianza en poder hacer todos estos cambios de los que él habla porque todavía no tengo idea si puedo hacerlos o no. Y la vida fácil es tentadora.

¿Por qué me siento bien? Creo que sé (cuidado). Hasta ahora, tenía la impresión de que encontrar suficientes oportunidades como para lograr cosas significativas no dependía de mí; era una cuestión de suerte. Pero lo que papá me mostró ahora es que manejar mis áreas de importancia no es solo arreglar las cosas que están mal. Que en estas áreas puedo continuar mejorando significativamente incluso si la situación ya es buena y que puede depender de mí. Esto es algo que me ha estado molestando por un largo tiempo y lo que papá dice tiene sentido. Por primera vez, estoy altamente motivada a darle una oportunidad. Debería invertir lo que fuera necesario en acostumbrarme a pensar claramente.

¿Pero cómo se supone que aprenda a pensar claramente?

Capítulo 14. Pensamiento claro y tautologías

- Estamos acostumbrados a ver la realidad como algo muy complejo. Al **pensar claro**, pensar en términos de causa y efecto, nos gustaría revelar su simplicidad. Empezamos con efectos que observamos en la realidad y buceamos hasta sus causas profundas. Según la Simplicidad Inherente, si buceamos en profundidad veremos cómo las causas comienzan a converger hasta que tengamos una sola causa de raíz que yace en el fondo de la situación.

- No necesitamos hacer nada para que las causas converjan; mientras tratemos con las situaciones reales, lo harán. Pero debemos encontrar las **causas** reales. Si asumimos las equivocadas, terminaremos con un análisis de causa y efecto imaginario que no sirve de nada. Hacer hipótesis sobre las causas posibles es relativamente fácil. El verdadero desafío al pensar en términos de causa y efecto es corroborar la causa que contemplamos, de hecho, la causa real.

- Aquí es donde la advertencia de papá entra en juego: cuando tratamos de corroborar una causa, es muy fácil terminar yendo en círculos: "¿Cómo sabemos que X es la causa de Y? Porque Y existe". ¿Quién dijo que solo los perros se persiguen la cola? Si queremos encontrar causas válidas debemos evitar las **tautologías lógicas** circulares.

- Deberíamos ser extra cuidadosos cuando la causa contemplada contiene una **entidad abstracta**. Las entidades abstractas atraen las tautologías y cuando se trata de ambientes humanos como las organizaciones, las entidades abstractas están por todos lados (lo que es más, incluso la palabra organización es una entidad abstracta).

- Entonces ¿cómo corroboro que X es la causa de Y sin caer en la trampa de las tautologías? Papá sugirió usar el método científico, el mecanismo del "**efecto previsto**". Necesitamos pensar sobre las líneas de: basados en la misma lógica que nos llevó a decir que X es la causa de Y, ¿qué otro efecto debe causar X? Si tenemos éxito en pensar una respuesta, con un efecto diferente (Z), y verificamos que existe en la realidad, progresamos hacia la confirmación de que X es la causa de Y. Cuanto menos probable sea que Z exista sin  ser la consecuencia de X, más fuerte es la verificación de que X es la causa válida tanto para Z como para Y.

Debería volver a los ejemplos que papá me dio para verificar que lo entendí bien.

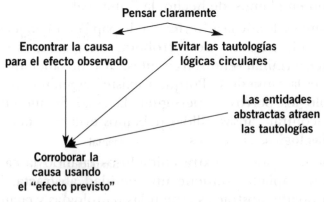

- Usar el mecanismo del "efecto previsto" no siempre es fácil. Frecuentemente tratamos de hacer hipótesis sobre qué otro efecto puede causar X y lo único que viene a nuestra mente es Y. Parece que la causa y efecto originales causan una **caja mental** a su alrededor; como una cerca que hace difícil pensar por fuera de ella. Cuanto más tiempo estamos dentro de la caja más empezamos a pensar que estamos cazando un fantasma; empezamos a dudar que exista otro efecto en la realidad.

- Como mencionamos más de una vez, uno de los aspectos centrales de la Simplicidad Inherente es que las causas convergen. Eso significa que cualquier causa significativa conlleva **más de un efecto**.

- Entonces, cuando intentamos corroborar una causa usando el "efecto previsto" y quedamos atrapados en la caja mental, al menos el pensamiento en la Simplicidad Inherente nos da la convicción de que, como mínimo, otro efecto significativo existe en el mundo.

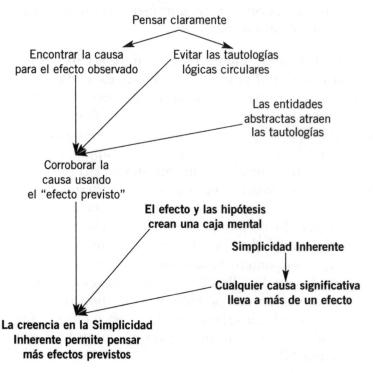

Tener la confianza de que estamos buscando algo que definitivamente existe es reconfortante pero no alcanza. Me vendrían bien algunas puntas para ayudarme a pensar el efecto previsto. Volviendo a mi discusión con papá, él de hecho me pasó dos consejos:

1. Piensa en causas alternativas para tu efecto. Una vez que estés considerando dos o más opciones se vuelve mucho más fácil pensar un efecto previsto que corrobore una y refute la otra. Esta línea de pensamiento ayudó cuando papá y yo discutíamos la hipótesis de que las ventas habían bajado porque los gustos del mercado habían cambiado.

2. Explica/define la causa. Una vez que comienzas a hablar de ella, otro efecto para verificarla comienza a surgir. Esta línea de pensamiento ayudó cuando papá me preguntó qué quería decir con que "la gente se resiste al cambio."

Volviendo atrás, cuando le pregunté a papá cómo llevar a la práctica el pensamiento claro, esperaba artillería pesada. Imaginé que recibiría instrucciones elaboradas para abordar temas pesados que toma mucho tiempo analizar. De verdad quería poner en práctica el pensamiento claro pero no podía ver cuándo tendría el tiempo para hacerlo. Después de discutir el mecanismo del efecto previsto con papá, me di cuenta de que tenía dos supuestos equivocados: no hace falta esperar a una ocasión especial para pensar claramente y no parece que tome mucho tiempo comprenderlo, tampoco. Cuando papá se refería a poner en práctica el pensamiento claro, se refería a los hechos simples de todos los días. Prácticamente cada vez que digo, leo y oigo una oración con porque/por eso/por lo tanto (términos que implican relaciones de causa y efecto) puedo usarlo como una oportunidad para practicar. Sin excusas. Debería usarlas.

Capítulo 16. La gente es buena

- Como ya mencionamos, al **pensar claramente**, pensar en las causas y efectos, nos gustaría encontrar las **causas** para los efectos que observamos en la realidad.

- En nuestro intento de encontrar las causas reales, vimos que una de las trampas con las que tenemos que ser cuidadosos para no caer, son las tautologías. Otra trampa muy diferente es nuestra tendencia a **culpar**. A pesar de que yo pensaba estar por encima de esto, el examen de mi padre estaba delante de mí. Cuando pensaba en qué había causado que esos gerentes se comportaran de la forma en que lo hicieron, lo primero que vino a mi mente fue culparlos. No examiné las circunstancias para ver si había algo allí que pudiera explicar su comportamiento. Inmediatamente asumí que era toda culpa de ellos.

- El problema es que nuestra mente nos apoya mucho. Una vez que comenzamos a culpar, nuestra mente está programada para probar que tenemos razón: **descartamos** efectos previstos que niegan la culpa y los únicos efectos previstos que vemos son los que corroboran la culpa.

- Esto significa que si estamos determinados a encontrar las causas reales, lo primero que debemos hacer es tener mucho cuidado de no caer en la trampa de la culpa. A juzgar por el sermón de papá, podemos usar términos despectivos como signo de alarma: si nos damos cuenta de que estamos usando términos despectivos respecto de alguien, deberíamos descartar nuestra hipótesis inmediatamente y buscar una causa diferente.

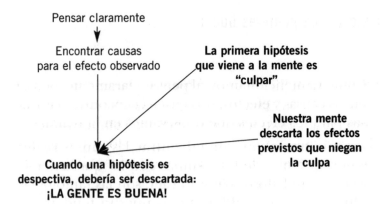

Pensar claramente

Encontrar causas
para el efecto observado

La primera hipótesis
que viene a la mente es
"culpar"

Nuestra mente
descarta los efectos
previstos que niegan
la culpa

Cuando una hipótesis es
despectiva, debería ser descartada:
¡LA GENTE ES BUENA!

Capítulo 18. Emoción, intuición y lógica

Esto tiene mucho más sentido para mí:

- Tenemos **emociones**. Las emociones conducen a la **intuición**. La intuición nos lleva a la **comprensión** y a **los resultados**. Aquí es donde entra la lógica: si aprendemos a **pensar claramente** entendemos la hélice verdadera: más y más cada vez.

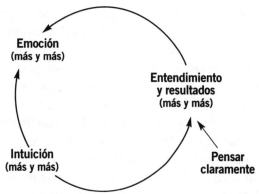

Durante los últimos meses, papá y yo hemos discutido distintas piezas del rompecabezas. Ahora, por fin, puedo ver la imagen completa:

- Para tener una **vida plena** debemos tener suficientes **éxitos significativos**. Para tener éxitos debemos desarrollar **resistencia** para superar los fracasos, tener muchas **oportunidades** y ser capaces de **colaborar** con otros. Para aumentar nuestra capacidad de obtener cada uno de estos tres, entiendo por qué deberíamos invertir tiempo en aprender a **pensar claramente**, pensar en términos de causa y efecto.
- Para ser capaces de pensar claramente necesitamos superar los cuatro **obstáculos** fundamentales.
- El obstáculo más profundo que debemos superar es nuestra percepción enraizada de que **la realidad es**

compleja. No se trata de invertir años en aceptar que la realidad es simple antes de comenzar. Todo lo que debemos hacer es darle una oportunidad a la idea de la **Simplicidad Inherente**. Una vez que lo hacemos y descubrimos nosotros mismos que de lo que parecía una situación compleja se descubre una causa de raíz, deberíamos enfocarnos en resolver el problema: promueve nuestra confianza en que la realidad es simple. Una vez que estamos ahí, estaremos más dispuestos a buscar la causa de raíz cuando encontremos un problema serio.

- El segundo obstáculo que debemos superar es la percepción de que los **conflictos vienen dados** y de que debemos vivir con ellos. Aquí, otra vez, si le damos una oportunidad a la idea de la Simplicidad Inherente, si esclarecemos el conflicto, descubrimos sus supuestos subyacentes y desafiamos a los erróneos, veremos con nuestros propios ojos que **los conflictos pueden ser descartados**. Por eso, la próxima vez que nos encontremos con un conflicto serio no vamos a contentarnos con un arreglo insatisfactorio, sino que vamos a estar más dispuestos a invertir tiempo y esfuerzo en descartarlo.

- El tercer obstáculo que debemos superar es nuestra tendencia a **culpar**. Más allá de nuestra opinión personal sobre la naturaleza humana, estoy convencido de que si empezamos por culpar a la otra persona, estamos apuntando en la dirección equivocada. Si estamos determinados a resolver un problema que involucra a otra persona, no importa en qué área, deberíamos combatir la tendencia a culpar, asumir que la otra parte es **buena** y buscar por una solución ganar-ganar. Aquí también, si lo hacemos una vez y funciona, será más fácil evitar que culpemos la próxima vez.

- El cuarto obstáculo que debemos superar es nuestra tendencia a pensar que sabemos. Una vez que somos cuidadosos al respecto y tratamos de mejorar considerablemente una situación por la que pensamos que ya habíamos hecho todo lo posible, se hará más fácil aceptar la idea de que cada situación puede ser **sustancialmente mejorada**.

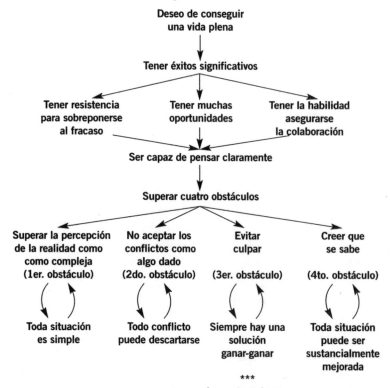

Esto es interesante. Estaba mirando estas hélices desde una perspectiva emocional: cuanto más lo intentemos más posible es que tengamos éxito y cuanto más éxito tengamos más motivados estaremos para hacerlo. Pero lo mismo funciona para nuestras habilidades: cuanto más lo intentamos, más mejoraremos nuestras habilidades de pensamiento y llegaremos a tener mejores resultados. Esto significa que, sin que importe cuál es nuestro punto de largada, todos podemos llegar más lejos y mejorar nuestras vidas. Todos, si lo queremos lo suficiente, podemos tener una vida plena. Todo lo que tenemos que hacer para comenzar es tomar la decisión.

Este libro se terminó de imprimir
en el mes de diciembre de 2012,
en Arcángel Maggio S.A. - División Libros
Lafayette 1695 - Buenos Aires - Argentina